Hemelse Taarten 2023

Van Klassieke Recepten tot Creatieve Variaties, Leer Hoe je Perfecte Taarten Bakt

Maria Kuipers

Inhoud

Citroentaart 14
Citroen Taartjes 15
Sinaasappeltaart 16
Peren taart 17
Taart van peer en amandel 18
Koninklijke Rozijnentaart 20
Rozijnen En Zure Room Taart 22
aardbeien taart 23
Melasse Taart 25
Taartje van walnoot en melasse 26
Amish Shoo-fly cake 27
Plakje Boston Custard 28
Amerikaanse witte bergcake 29
Amerikaanse karnemelkcake 31
Caraïbische Ginger Rum Cake 32
Sachertaart 33
Caraïbische Rum Vruchtencake 35
Deense botercake 37
Kardemom Deense taart 38
Pithiviers taart 39
Koning taart 40
Karamel crème 41
Gügelhopf 42

Gugelhopf luxe chocolade	44
Gestolen	46
Amandel Stollen	48
Stollen met pistachenoten	50
baklava	52
Hongaarse stress wervelingen	53
Panforte	55
Pasta Lint Taart	56
Italiaanse rijstcake met Grand Marnier	57
Siciliaans biscuitgebak	58
Italiaanse Ricottacake	60
Italiaanse vermicellicake	61
Italiaanse cake met walnoten en mascarpone	62
Hollandse appeltaart	63
Gewone Noorse cake	64
Noorse kransekake	65
Portugese kokoskoekjes	66
Scandinavische Toscacake	67
Hertzog koekjes uit Zuid-Afrika	68
Baskische taart	70
Amandel Roomkaas Prisma	72
Zwarte Woud taart	74
Amandel Chocoladetaart	75
Chocolade Cheesecake	76
Chocoladetaart	78
Johannesbrood muntcake	80
IJskoffie cake	81

Koffie en notenringcake	82
Deense cake met chocolade en room	84
Vruchten Taarten	86
Fruit Savarin	87
Gember Laag Cake	89
Rozijnen- en perzikcake	90
Citroencake	92
Bruine Taart	93
Duizendblad	95
Oranje taart	96
Sinaasappelmarmeladecake met vier lagen	97
Pecannoten en dadelcake	99
Pruimen- en kaneelcake	101
Pruimen taart	102
Regenboog Streep Cake	104
St-Honoré Cake	106
Aardbeien-kooltaart	108
aardbeientaart	109
Honing scone ring	110
Muesli-sconen	111
Sinaasappel Rozijnen Scones	112
Peren scones	113
Aardappel Scones	114
Rozijnen Scones	115
Melasse scones	116
Melasse Gember Scones	117
Sultana Scones	118

Volkoren Melasse Scones 119

Yoghurt scones 120

Kaas scones 121

Scones van hele kruiden 122

Salami en Kaas Scones 123

Hele scones 124

Barbadiaanse Conkies 125

Gefrituurde kerstkoekjes 126

Maïsmeel taarten 127

beschuitbollen 128

Donuts 129

Aardappel beignets 130

Naan brood 131

Bannocks van havermout 132

Inzetten 133

Makkelijk om scones te laten vallen 134

Esdoorn scones 135

Gegrilde Kaas Scones 136

Scotch Speciale Pannenkoeken 137

Schotse pannenkoeken met fruit 138

Schotse pannenkoeken met sinaasappel 139

Zing de Hinny 140

Welse taarten 141

Welse pannenkoeken 142

Mexicaans Kruidig Maïsbrood 143

Zweeds platbrood 144

Roggebrood en gestoomde suikermaïs 145

Gestoomd Suikermaïsbrood	146
Volledige Chapati's	147
Puris Compleet	148
Amandel koekjes	149
Amandel krullen	150
Amandel Ringen	151
Mediterrane Amandelcrackers	152
Amandel- en chocoladekoekjes	153
Amish fruit- en notenkoekjes	154
Anijs koekjes	154
Banaan, havermout en jus d'orange koekjes	156
Basis cookies	157
Knapperige zemelenkoekjes	158
Koekjes met sesamzemelen	159
Brandewijnkoekjes met karwij	160
Brandewijn Snaps	161
Boterkoekjes	162
Butterscotch-koekjes	163
Karamel koekjes	164
Wortel- en notenkoekjes	165
Oranje Geglazuurde Wortel Walnoot Koekjes	166
Kersenkoekjes	168
Kersen- en amandelringen	169
Chocolade boterkoekjes	170
Chocolade en kersenbroodjes	171
Chocolade koekjes	172
Chocolade- en bananenchipkoekjes	173

Hapjes van chocolade en noten 174

Amerikaanse chocolate chip cookies 175

Chocolade crèmes 176

Chocoladeschilferkoekjes en hazelnootkoekjes 177

Koekjes met chocolade en nootmuskaat 178

Chocolade koekjes 179

Sandwichkoekjes met koffie en chocolade 180

kerstkoekjes 182

Kokoskoekjes 184

Maïskoekjes met fruitcrème 185

Cornish koekjes 187

Volkoren Krentenkoekjes 188

Datumsandwichkoekjes 189

Spijsverteringskoekjes (crackers uit Graham) 190

Pasen koekjes 191

Florentijnen 192

Chocolade Florentijnen 193

Deluxe Chocolade Florentijnen 194

Walnoot fondant koekjes 195

Duitse geglazuurde koekjes 196

Gember koekjes 197

Gember koekjes 198

peperkoek man 199

Volkoren Gemberkoekjes 200

Gember en rijstkoekjes 201

Gouden koekjes 202

Hazelnootkoekjes 203

Krokante hazelnootkoekjes	204
Hazelnoot- en amandelkoekjes	205
Honing koekjes	206
Ratafia's met honing	207
Honing Karnemelk Koekjes	208
Koekjes met citroenboter	209
citroen koekjes	210
Smeltende momenten	211
Muesli-koekjes	212
Walnoot koekjes	213
Krokante walnotenkoekjes	214
Krokante Kaneel Walnoot Koekjes	215
Aardbeien Mousse Taart	216
Paashaas taart	218
Simnel Paastaart	220
Twaalfde Nacht Taart	222
Magnetron appeltaart	223
Magnetron Appelmoes Taart	224
Appel-notencake in de magnetron	225
Magnetron Worteltaart	226
Wortel-, ananas- en walnotencake in de magnetron	227
Pittige zemelenkoekjes in de magnetron	229
Magnetron Passievrucht Banaan Cheesecake	230
Sinaasappel Cheesecake In De Magnetron	231
Magnetron Ananas Cheesecake	233
Magnetron Walnoot Kersenbrood	234
magnetron chocoladetaart	235

Magnetron Chocolade Amandelcake 236

Magnetron Dubbele Chocolade Brownies 238

Chocoladerepen met dadels voor in de magnetron 239

magnetron chocolade vierkanten 240

Snelle koffiecake in de magnetron 241

Magnetron kersttaart 242

Magnetron Kruimeltaart 244

magnetron datum bars 245

Vijgenbrood in de magnetron 246

Fruitcake uit de magnetron 247

Magnetron Kokosnoot Fruit Vierkantjes 248

Magnetron fudge cake 249

Magnetron peperkoek 250

magnetron gember repen 251

Magnetron gouden cake 252

Honing-hazelnootcake in de magnetron 253

Chewy repen met muesli in de magnetron 254

magnetron notencake 255

Sinaasappelsapcake uit de magnetron 256

Pavlova in de magnetron 257

magnetron shortcake 258

Magnetron Strawberry Shortcake 259

Magnetronbiscuit 260

Sultana-repen in de magnetron 261

Magnetron Chocolade Koekjes 262

Magnetron Kokoskoekjes 263

Florentijnen in de magnetron 264

Magnetron hazelnoot- en kersenkoekjes 265

Sultana-koekjes in de magnetron 266

Bananenbrood in de magnetron 267

Magnetron kaasbrood 268

magnetron notenbrood 269

Amaretti-cake zonder bak 270

Amerikaanse Krokante Rijstrepen 271

Abrikozen vierkantjes 272

Abrikozen rolcake 273

Gebroken Koekjescakes 274

No-Bake Karnemelkcake 275

Plakje kastanje 276

Kastanje biscuit 277

Chocolade- en amandelrepen 279

Chocolade Krokante Taart 280

Vierkantjes van chocoladekruimels 281

Chocoladecake in de koelkast 282

Chocolade en fruitcake 283

Chocolade Gember Vierkantjes 284

Deluxe Chocolade Gember Vierkantjes 285

Chocolade en honingkoekjes 286

chocolade millefeuille 287

Leuke chocoladerepen 288

Chocolade Praline Vierkantjes 289

Kokosnootchips 290

Knapperige repen 291

Kokos Rozijn Crunchies 292

Melk- en koffievierkanten 293

Fruitcake zonder bak 294

fruitige vierkanten 295

Fruit- en vezelcrackers 296

Nougat laag cake 297

Melk en nootmuskaat vierkanten 298

Knapperige muesli 300

Sinaasappelmousse Vierkantjes 301

Pinda vierkantjes 302

Pepermunt Caramel Taarten 303

Rijstwafels 304

Rijst en chocolade toffee 305

amandelspijs 306

Amandelpasta Zonder Suiker 307

Citroentaart

Maakt een taart van 25 cm
Zanddeeg 225 g/8 oz

100 g boter of margarine

4 eieren

Geraspte schil en sap van 2 citroenen

100 g poedersuiker (superfijn)

250 ml slagroom (dik)

Muntblaadjes om te garneren

Rol het bladerdeeg uit op een licht met bloem bestoven werkvlak en bekleed er een springvorm van 25 cm/10 mee. Prik met een vork gaatjes in de bodem. Dek af met bakpapier (in de was gezet) en vul met gebakken bonen. Bak in een voorverwarmde oven op 200°C/400°F/thermostaat 6 gedurende 10 minuten. Verwijder het papier en de bonen en zet nog 5 minuten in de oven tot de bodem droog is. Verlaag de oventemperatuur tot 160°C/325°F/gasstand 3.

Smelt de boter of margarine en laat 1 minuut afkoelen. Klop de eieren los met de citroenrasp en het sap. Voeg boter, suiker en room toe. Giet in de taartvorm en bak 20 minuten op verlaagde temperatuur. Laat afkoelen en zet in de koelkast voor het opdienen, versierd met muntblaadjes.

Citroen Taartjes

Geef 12

8 oz/1 kop boter of margarine, verzacht

3 oz/½ kopje/75 g poedersuiker (banketbakker), gezeefd

175 g/6 oz/1½ kopje bloem (voor alle doeleinden)

50 g maïsmeel (maizena)

5 ml/1 theelepel. geraspte citroenschil

                    Voor garnering:

30 ml/2 eetlepels citroengestremde melk

30 ml/2 eetlepels poedersuiker (banketbakker), gezeefd

Meng alle cake-ingrediënten tot ze zacht zijn. Giet in een spuitzak en spuit decoratief in 12 papieren vormpjes die in een broodvorm (pasteitje) zijn geplaatst. Bak in een voorverwarmde oven op 180°C/thermostaat 4 gedurende 20 minuten tot ze licht goudbruin zijn. Laat iets afkoelen, schep dan een lepel lemon curd op elke cake en bestrooi met poedersuiker.

Sinaasappeltaart

Maakt een taart van 23 cm

1 basis sponstaartvorm

400 ml sinaasappelsap

2/3 kop / 5 oz / 150 g poedersuiker (superfijn)

30 ml/2 el banketbakkersroom

15 g/½ oz/1 eetl. eetlepel boter of margarine

15 ml / 1 el geraspte sinaasappelschil

Een paar gekonfijte sinaasappelschijfjes (optioneel)

Bereid de basis biscuitbodem (schaal) voor. Meng tijdens het koken 8 fl oz/1 kopje sinaasappelsap met suiker, custardpoeder en boter of margarine. Breng het mengsel op laag vuur aan de kook en laat zachtjes sudderen tot het transparant en dik is. Roer de sinaasappelschil erdoor. Zodra het uit de oven komt, giet je het resterende sinaasappelsap, giet dan de sinaasappelvulling in de vlaai en laat afkoelen en opstijven. Versier eventueel met gekonfijte sinaasappelschijfjes.

Peren taart

Maakt een taart van 20 cm

1 hoeveelheid Zoet Deeg

Voor de vulling:

¼ pt/2/3 kop/150 ml slagroom (zwaar)

2 eieren

50 g basterdsuiker (superfijn)

5 peren

Voor de kers:

75 ml/5 el bessengelei (heldere confituur)

30 ml/2 eetlepels water

Een scheutje citroensap

Rol het zoete deeg uit en bekleed er een springvorm van 20 cm doorsnee mee. Dek af met bakpapier (in de was gezet) en vul met bakbonen en bak in een voorverwarmde oven op 190°C/thermostaat 5 gedurende 12 minuten. Haal uit de oven, verwijder het papier en de bonen en laat afkoelen.

Om de vulling te maken, combineer room, eieren en suiker. Schil en ontpit de peren en halveer ze in de lengte. Leg de peren met de snijkant naar beneden en snijd ze bijna in het midden in, maar laat ze intact. Schik op de bodem van de taart (schaal). Giet het roommengsel erover en bak in een voorverwarmde oven op 190°C/375°F/thermostaat 4 gedurende 45 minuten, dek af met bakpapier als het bruin wordt voordat de room is uitgehard. Laten afkoelen.

Om het glazuur te maken, smelt je de gelei, het water en het citroensap in een kleine steelpan tot ze gemengd zijn. Borstel fruit terwijl het glazuur heet is en laat staan. Serveer dezelfde dag.

Taart van peer en amandel

Maakt een taart van 20 cm

Voor het deeg (deeg):

100 g bloem (voor alle doeleinden)

50 g gemalen amandelen

50 g basterdsuiker (superfijn)

3 oz / 1/3 kop boter of margarine, in blokjes gesneden en verzacht

1 eigeel

Enkele druppels amandelessence (extract)

Voor de vulling:

1 eigeel

50 g basterdsuiker (superfijn)

50 g gemalen amandelen

30 ml/2 eetl. eetlepels perenlikeur of andere likeur naar smaak

3 grote peren

Voor de banketbakkersroom:

3 eieren

25 g poedersuiker (superfijn)

½ pt/1¼ kopjes/300 ml room (light)

Meng voor het deeg de bloem, amandelen en suiker in een kom en maak een kuiltje in het midden. Voeg de boter of margarine, eidooier en vanille-essence toe en kneed de ingrediënten geleidelijk tot een zacht deeg. Wikkel in vershoudfolie (plastic folie) en leg 45 minuten in de koelkast. Spreid uit op een met bloem bestoven werkvlak en bekleed een beboterde en met bakpapier beklede springvorm van 20 cm/8 inch. Dek af met bakpapier (in de was gezet) en vul met bakbonen en bak blind in een voorverwarmde oven op 200°C/thermostaat 6 gedurende 15 minuten. Verwijder het papier en de bonen.

Klop voor de vulling het eigeel en de suiker door elkaar. Roer de amandelen en likeur erdoor en giet het mengsel in de bodem van de taart (fond de tarte). Schil de peren, ontpit ze, halveer ze en leg ze met de platte kant naar beneden op de vulling.

Klop voor de banketbakkersroom de eieren en de suiker tot een bleek en luchtig mengsel. Roer de room erdoor. Bestrijk de peren met de room en bak ze ongeveer 15 minuten in de voorverwarmde oven op 180°C/thermostaat 4 tot de room net gestold is.

Koninklijke Rozijnentaart

Maakt een taart van 20 cm

Voor het deeg (deeg):

100 g boter of margarine

225 g/8 oz/2 kopjes bloem (voor alle doeleinden)

Een snufje zout

45 ml/3 eetlepels koud water

Voor de vulling:

50 g paneermeel

175 g rozijnen

1 eigeel

5 ml/1 theelepel. geraspte citroenschil

Voor garnering:

8 oz/1 1/3 kopjes/225 g poedersuiker (banketbakker), gezeefd

1 eiwit

5 ml/1 theelepel citroensap

Af te maken:

45 ml/3 eetlepels kruisbessengelei (heldere confituur)

Om het beslag te maken, wrijft u de boter of margarine door de bloem en het zout tot het mengsel op broodkruimels lijkt. Meng voldoende koud water om een pasta te maken. Wikkel in vershoudfolie (plastic folie) en leg 30 minuten in de koelkast.

Rol het deeg uit en gebruik het om een vierkante taartvorm van 8 inch/20 cm te bekleden. Combineer topping-ingrediënten en giet over de basis, egaliseer de bovenkant. Klop de ingrediënten voor de topping door elkaar en verdeel over de cake. Klop de krentengelei glad en spuit vervolgens een ruitjespatroon op de cake. Bak in een voorverwarmde oven op 190°C/375°F/thermostaat 5 gedurende 30 minuten, verlaag dan de oventemperatuur tot 180°C/350°F/thermostaat 4 en bak nog eens 10 minuten.

Rozijnen En Zure Room Taart

Maakt een taart van 23 cm

Zanddeeg 225 g/8 oz

30 ml/2 eetl. eetlepel bloem (voor alle doeleinden)

2 eieren, licht losgeklopt

60 ml/4 theelepels eetlepel poedersuiker (superfijn)

8 fl oz / 1 kopje zoetzure room (zuivel)

8 oz/11/3 kopjes rozijnen

60 ml/4 theelepels rum of cognac

Enkele druppels vanille-essence (extract)

Rol het deeg (deeg) uit tot een dikte van ¼/5 mm op een licht met bloem bestoven oppervlak. Meng bloem, eieren, suiker en room en roer dan de rozijnen, rum of cognac en vanille-essence erdoor. Giet het mengsel in de vorm en bak in een voorverwarmde oven op 200°C/400°F/thermostaat 6 gedurende 20 minuten. Verlaag de oventemperatuur tot 180°C/350°F/thermostaat 4 en bak nog 5 minuten tot het gestold is.

aardbeien taart

Maakt een taart van 20 cm

1 hoeveelheid Zoet Deeg

                    Voor de vulling:

5 eidooiers

175 g poedersuiker (superfijn)

75 g maïsmeel (maizena)

1 vanillestokje (peul)

450 ml melk

15 g/½ oz/1 eetl. eetlepel boter of margarine

550 g aardbeien, gehalveerd

                    Voor de kers:

75 ml/5 el bessengelei (heldere confituur)

30 ml/2 eetlepels water

Een scheutje citroensap

Rol het deeg uit en bekleed er een springvorm met een diameter van 20 cm mee. Dek af met bakpapier (in de was gezet) en vul met bakbonen en bak in een voorverwarmde oven op 190°C/thermostaat 5 gedurende 12 minuten. Haal uit de oven, verwijder het papier en de bonen en laat afkoelen.

Klop voor de vulling de eierdooiers en de suiker door elkaar tot het mengsel bleek en luchtig is en in slierten uit de garde komt. Klop de maïzena erdoor. Doe het vanillestokje in de melk en breng aan de kook. Verwijder het vanillestokje. Roer geleidelijk door het eimengsel. Giet het mengsel in een schone pan en breng aan de kook, onder voortdurend roeren, kook dan, nog steeds roerend, gedurende 3 minuten. Haal van het vuur en roer de boter of margarine erdoor tot het gesmolten is. Bedek met beboterd perkamentpapier (vetvrij) en laat afkoelen.

Giet de banketbakkersroom in de taartbodem (taartbodem) en schik de aardbeien er mooi op. Om glazuur te maken, smelt je gelei, water en citroensap tot het gemengd is. Borstel fruit terwijl het glazuur heet is en laat staan. Serveer dezelfde dag.

Melasse Taart

Maakt een taart van 20 cm

75 g boter of margarine

175 g/6 oz/1½ kopje bloem (voor alle doeleinden)

15 ml/1 el basterdsuiker (superfijn)

1 eigeel

30 ml/2 eetlepels water

2/3 kop / 8 oz / 225 g gouden siroop (lichte maïs)

50 g vers paneermeel

5 ml/1 theelepel citroensap

Wrijf boter of margarine door de bloem tot het mengsel op broodkruimels lijkt. Roer de suiker erdoor, voeg dan de eidooier en het water toe en meng tot een beslag (deeg). Wikkel in vershoudfolie (plastic folie) en leg 30 minuten in de koelkast.

Rol het deeg uit en bekleed een springvorm van 20 cm doorsnee. Verwarm de siroop en meng deze met het paneermeel en het citroensap. Giet de vulling in de vorm en bak in de voorverwarmde oven op 180°C/350°F/thermostaat 4 gedurende 35 minuten tot het bubbelt.

Taartje van walnoot en melasse

Maakt een taart van 20 cm
Zanddeeg 225 g/8 oz

100 g boter of margarine, verzacht

50 g zachte bruine suiker

2 losgeklopte eieren

175 g gouden siroop (lichte mais), opgewarmd

100 g walnoten, fijngehakt

Geraspte schil van 1 citroen

Sap van ½ citroen

Rol het deeg (deeg) uit en gebruik het om een ingevette taartvorm (bakvorm) van 20 cm/8 inch te bekleden. Dek af met bakpapier (in de was gezet) en vul met bakbonen en bak in een voorverwarmde oven op 200°C/thermostaat 6 gedurende 10 minuten. Haal uit de oven en verwijder het papier en de bonen. Verlaag de oventemperatuur tot 180°C/350°F/gasstand 4.

Klop boter of margarine en suiker tot bleek en luchtig. Klop geleidelijk de eieren erdoor en roer dan de siroop, walnoten, citroenschil en -sap erdoor. Giet in de taartvorm (taartvorm) en bak in 45 minuten goudbruin en krokant.

Amish Shoo-fly cake

Maakt een cake van 23 x 30 cm

8 oz/1 kop boter of margarine, verzacht

225 g/8 oz/2 kopjes bloem (voor alle doeleinden)

225 g volkorenmeel (volkoren)

450 g zachte bruine suiker

350 g/12 oz/1 kop stroopmelasse (melasse)

10ml/2 tl zuiveringszout (baking soda)

450 ml kokend water

Wrijf boter of margarine door het meel tot het mengsel op broodkruimels lijkt. Roer de suiker erdoor. Bewaar 100 g/4 oz/1 kopje van het mengsel voor garnering. Combineer melasse, zuiveringszout en water en roer door het bloemmengsel tot de droge ingrediënten zijn opgenomen. Giet in een beboterde en met bloem bestoven broodvorm van 23 x 30 cm/9 x 12 en bestrooi met het achtergehouden mengsel. Bak in een voorverwarmde oven op 180°C/350°F/thermostaat 4 gedurende 35 minuten, tot een in het midden gestoken tandenstoker er schoon uitkomt. Heet opdienen.

Plakje Boston Custard

Maakt een taart van 23 cm

100 g boter of margarine, verzacht

225 g poedersuiker (superfijn)

2 eieren, licht losgeklopt

2,5 ml/½ tl vanille-essence (extract)

175 g zelfrijzend bakmeel (zelfrijzend)

5ml/1 theelepel bakpoeder

Een snufje zout

60 ml/4 eetlepels melk

Crème vulling

Klop de boter of margarine en de suiker tot een licht en luchtig geheel. Voeg geleidelijk de eieren en vanille-essence toe en klop goed na elke toevoeging. Meng de bloem, het bakpoeder en het zout en voeg dit toe aan het mengsel, afgewisseld met de melk. Giet in een ingevette en met bloem bestoven taartvorm van 9 cm/23 cm en bak in een voorverwarmde oven van 180°C/350°F/thermostaat 4 gedurende 30 minuten tot het stevig aanvoelt. Eenmaal afgekoeld, snijdt u de cake horizontaal door en verdeelt u de twee helften met de roomvulling.

Amerikaanse witte bergcake

Maakt een taart van 23 cm

8 oz/1 kop boter of margarine, verzacht

450 g poedersuiker (superfijn)

3 eieren, licht losgeklopt

350 g zelfrijzend bakmeel (zelfrijzend)

15 ml/1 el bakpoeder

1,5 ml/¼ theelepel zout

250 ml melk

5 ml/1 theelepel vanille-essence (extract)

5 ml/1 theelepel. amandelessence (extract)

Voor de citroenvulling:

45 ml/3 eetl. maizena (maizena)

75 g poedersuiker (superfijn)

1,5 ml/¼ theelepel zout

300 ml melk

25 g boter of margarine

90 ml/6 eetlepels citroensap

5 ml/1 theelepel. geraspte citroenschil

Voor het glazuur:

350 g poedersuiker (superfijn)

Een snufje zout

2 eiwitten

75 ml/5 eetlepels koud water

15ml/1 theelepel eetlepel golden syrup (lichte mais)

5 ml/1 theelepel vanille-essence (extract)

175 g gedroogde kokosnoot (geraspt)

Klop de boter of margarine en de suiker tot een licht en luchtig geheel. Voeg geleidelijk de eieren toe. Meng de bloem, de gist en het zout en voeg dit afwisselend met de melk en de essences toe aan het romige mengsel. Verdeel het mengsel over drie ingevette en met bakpapier beklede cakevormen van 9/23 cm en bak in een voorverwarmde oven op 180°C/thermostaat 4 gedurende 30 minuten tot een in het midden gestoken tandenstoker er schoon uitkomt. Laten afkoelen.

Om de vulling te maken, combineert u maizena, suiker en zout en roert u de melk erdoor tot alles goed gemengd is. Voeg de boter of margarine in stukjes toe en klop op laag vuur in ongeveer 2 minuten tot het dik is. Roer het citroensap en de schil erdoor. Laten afkoelen en afkoelen.

Om het glazuur te maken, combineer alle ingrediënten behalve vanille-essence en kokosnoot in een hittebestendige kom boven een pan met kokend water. Klop ongeveer 5 minuten tot het stijf is. Voeg de vanille-essence toe en klop nog 2 minuten.

Om de cake in elkaar te zetten, besmeer je de basislaag met de helft van de citroenvulling en besprenkel je met 1 oz/¼ kopje kokosnoot. Herhaal met de tweede laag. Smeer het glazuur over de bovenkant en zijkanten van de cake en besprenkel met de resterende kokos.

Amerikaanse karnemelkcake

Maakt een taart van 23 cm

100 g boter of margarine, verzacht

225 g poedersuiker (superfijn)

2 eieren, licht losgeklopt

5 ml/1 theelepel. geraspte citroenschil

5 ml/1 theelepel vanille-essence (extract)

225 g zelfrijzend bakmeel (zelfrijzend)

5ml/1 theelepel bakpoeder

5ml/1 theelepel zuiveringszout (zuiveringszout)

Een snufje zout

250 ml karnemelk

citroen garnering

Klop de boter of margarine en de suiker tot een licht en luchtig geheel. Voeg geleidelijk de eieren toe en voeg vervolgens de citroenschil en vanille-essence toe. Meng bloem, bakpoeder, bakpoeder en zout en voeg dit afwisselend met karnemelk toe aan het mengsel. Klop goed tot een gladde massa. Verdeel het mengsel over twee ingevette en met bloem bestoven cakevormen van 9 cm/23 cm en bak ze in een voorverwarmde oven van 180 °C/thermostaat 4 gedurende 25 minuten tot ze stevig aanvoelen. Laat 5 minuten afkoelen in de vormpjes voordat je hem uit de vorm haalt op een rooster om verder af te koelen. Eenmaal afgekoeld, sandwich met de citroenvulling.

Caraïbische Ginger Rum Cake

Maakt een taart van 20 cm

2 oz/¼ kop/50 g boter of margarine

120 ml / 4 fl oz / ½ kopje blackstrap melasse (melasse)

1 ei, licht losgeklopt

60 ml/4 eetlepels rum

100 g zelfrijzend (zelfrijzend) meel

10ml/2 eetl. gemalen gember

75 g zachte bruine suiker

25 g gekonfijte (gekonfijte) gember, gehakt

Smelt de boter of margarine met de melasse op laag vuur en laat iets afkoelen. Roer de rest van de ingrediënten erdoor tot een zacht deeg. Giet in een ingevette en met bakpapier beklede springvorm van 20 cm (8 in/20 cm) en bak in een voorverwarmde oven van 200°C/400°F/thermostaat 6 gedurende 20 minuten, tot het goed gerezen en stevig aanvoelt in de oven.

Sachertaart

Maakt een taart van 20 cm

200 g pure chocolade (halfzoet)

8 eieren, gescheiden

100 g ongezouten boter (gezoet), gesmolten

2 eiwitten

Een snufje zout

150 g poedersuiker (superfijn)

Enkele druppels vanille-essence (extract)

100 g bloem (voor alle doeleinden)

Voor de kers (icing):

150 g pure chocolade (halfzoet)

8 fl oz / 1 kop enkele room (light)

175 g poedersuiker (superfijn)

Enkele druppels vanille-essence (extract)

1 losgeklopt ei

100 g abrikozenjam (uit blik), gezeefd (uitgelekt)

Smelt de chocolade in een hittebestendige kom boven een pan met kokend water. Van het vuur halen. Klop de eidooiers lichtjes met de boter en spatel ze door de gesmolten chocolade. Klop alle eiwitten en zout stijf, voeg dan geleidelijk de suiker en vanille-essence toe en blijf kloppen tot het mengsel stijve pieken vormt. Voeg geleidelijk toe aan het chocolademengsel en voeg dan de bloem toe. Verdeel de bereiding over twee beboterde en met bakpapier beklede cakevormen van 20 cm doorsnee en bak in een voorverwarmde oven op 180°C/thermostaat 4 gedurende 45 minuten tot een in het midden gestoken tandenstoker er schoon uitkomt. Stort op een rek om af te koelen.

Smelt voor het glazuur de chocolade met de room, suiker en vanille-essence op middelhoog vuur tot een glad mengsel en laat het 5 minuten sudderen zonder te roeren. Meng een paar lepels van het chocolademengsel met het ei, roer dan door de chocolade en kook al roerend 1 minuut. Haal van het vuur en laat afkoelen tot kamertemperatuur.

Sandwich de cakes met abrikozenjam. Bedek de hele cake met chocoladesuikerglazuur en strijk het oppervlak glad met een paletmes of spatel. Laat afkoelen en zet vervolgens enkele uren in de koelkast tot het glazuur hard wordt.

Caraïbische Rum Vruchtencake

Maakt een taart van 20 cm

450 g/1 lb/22/3 kopjes gemengd gedroogd fruit (fruitcake mix)

225 g/8 oz/11/3 kopjes rozijnen (gouden rozijnen)

100 g rozijnen

100 g krenten

50 g geglaceerde kersen (gekonfijt)

½ pt/1¼ kopjes/300 ml rode wijn

8 oz/1 kop boter of margarine, verzacht

225 g/8 oz/1 kopje zachte bruine suiker

5 eieren, licht losgeklopt

10ml/2 eetl. stroopmelasse (melasse)

225 g/8 oz/2 kopjes bloem (voor alle doeleinden)

50 g gemalen amandelen

5 ml/1 theelepel. gemalen kaneel

5 ml/1 theelepel. geraspte nootmuskaat

5 ml/1 theelepel vanille-essence (extract)

½ pt/1¼ kopjes/300 ml rum

Doe al het fruit en de wijn in een pan en breng aan de kook. Zet het vuur laag, dek af en laat 15 minuten staan, haal dan van het vuur en laat afkoelen. Roer de boter of margarine en de suiker tot een licht en luchtig mengsel en roer dan geleidelijk de eieren en melasse erdoor. Roer de droge ingrediënten erdoor. Roer het fruitmengsel, vanille-essence en 3 el/45 ml rum erdoor. Giet in een ingevette en met bakpapier beklede cakevorm van 8"/20 cm en bak in een voorverwarmde oven van 325°F/160°C/thermostaat 3 gedurende 3 uur tot het goed gerezen en gestold is. Een in het midden gestoken tandenstoker komt er schoon uit. Laat 10 minuten in de vorm afkoelen en stort dan op een rooster om af te koelen. Prik met een dunne satéprikker in de bovenkant van de cake en giet de rest van de rum erover. Wikkel in aluminiumfolie en laat zo lang mogelijk rijpen.

Deense botercake

Maakt een taart van 23 cm

8 oz / 1 kopje boter of margarine, in blokjes gesneden

175 g/6 oz/1½ kopje bloem (voor alle doeleinden)

40 g/1½ oz verse gist of 60 ml/4 el. eetlepel droge gist

15 ml / 1 eetlepel basterdsuiker

1 losgeklopt ei

½ hoeveelheid Deense roomvulling

60 ml/4 theelepels poedersuiker (zoetwaren), gezeefd

45 ml/3 eetlepels krenten

Wrijf 100 g boter of margarine door de bloem. Roer de gist en basterdsuiker tot een romig mengsel, voeg het dan toe aan de bloem en boter met het ei en mix tot je een gladde pasta krijgt. Dek af en laat ongeveer 1 uur op een warme plaats staan tot het verdubbeld is in volume.

Stort op een met bloem bestoven oppervlak en kneed goed. Rol een derde van het deeg uit en bekleed de bodem van een ingevette taartvorm van 9/23 cm. Verdeel de roomvulling over het deeg.

Rol de rest van het deeg uit tot een rechthoek van ongeveer ¼/5 mm dik. Klop de rest van de boter of margarine en de poedersuiker romig en voeg dan de krenten toe. Spreid het deeg uit, laat ruimte rond de randen en rol het deeg op vanaf de korte kant. Snijd in plakjes en schik bovenop de roomvulling. Dek af en laat ongeveer 1 uur rijzen op een warme plek. Bak in een voorverwarmde oven op 230°C/450°F/thermostaat 8 gedurende 25 tot 30 minuten, tot de bovenkant goed gerezen en goudbruin is.

Kardemom Deense taart

Maakt een cake van 900 g/2 lb

8 oz/1 kop boter of margarine, verzacht

225 g poedersuiker (superfijn)

3 eieren

350 g bloem (voor alle doeleinden)

10ml/2 theelepel bakpoeder

10 kardemomzaden, gemalen

150 ml melk

45 ml/3 eetl. rozijnen

45 ml/3 eetl. eetlepels gehakte gemengde (gekonfijte) schors

Klop de boter of margarine en de suiker tot een licht en luchtig geheel. Voeg beetje bij beetje de eieren toe en klop goed na elke toevoeging. Roer de bloem, bakpoeder en kardemom erdoor. Roer geleidelijk de melk, rozijnen en gemengde schil erdoor. Giet in een ingevette en met bakpapier beklede broodvorm (vorm) van 900 g en bak in een voorverwarmde oven van 190°C/375°F/thermostaat 5 gedurende 50 minuten tot een in het midden gestoken tandenstoker er schoon uitkomt.

Pithiviers taart

Maakt een taart van 25 cm

100 g boter of margarine, verzacht

100 g poedersuiker (superfijn)

1 ei

1 eigeel

100 g gemalen amandelen

30 ml/2 eetlepels rum

Bladerdeeg 400g/14oz

Voor de kers:

1 losgeklopt ei

30 ml/2 eetl. eetlepels poedersuiker (voor zoetwaren)

Klop boter of margarine en suiker tot een licht en luchtig geheel. Roer het ei en de eidooier erdoor en roer dan de amandelen en rum erdoor. Rol de helft van het deeg (deeg) uit op een licht met bloem bestoven werkvlak en snijd in een cirkel van 23 cm/9. Leg op een bevochtigde bakplaat en verdeel de vulling over het deeg tot op 1/2 inch van de rand. Rol de rest van het deeg uit en steek er een cirkel uit met een diameter van 25 cm. Knip een ring van 1 cm/½ in aan de rand van deze cirkel. Borstel de rand van de deegbodem met water en druk de ring rond de rand, zachtjes aandrukkend om te passen. Borstel met water en druk de tweede cirkel eroverheen, waarbij de randen worden verzegeld. Verzegel en golf de randen. Bestrijk de bovenkant met losgeklopt ei teken vervolgens een patroon van radiale sneden bovenop met het mes van een mes. Bak in een voorverwarmde oven op 220°C/425°F/thermostaat 7 gedurende 30 minuten tot ze gerezen en goudbruin zijn. Zeef de poedersuiker erover en zet nog 5 minuten in de oven tot het glanzend is. Serveer warm of koud.

Koning taart

Maakt een cake van 7"/18 cm

2¼ kopjes / 9 oz / 250 g bloem (voor alle doeleinden)

5 ml/1 theelepel zout

7 oz/200g beetje 1 kopje ongezouten boter (gezoet), in blokjes

6 fl oz/¾ kopje water

1 ei

1 eiwit

Doe de bloem en het zout in een kom en maak een kuiltje in het midden. Voeg 75 g boter, water en heel ei toe en mix tot een zacht deeg. Dek af en laat 30 minuten staan.

Rol het deeg uit tot een lange rechthoek op een licht met bloem bestoven werkvlak. Bestrijk tweederde van het deeg met het resterende derde deel van de boter. Vouw het onbedekte deeg over de boter en vouw de rest van het deeg eroverheen. Sluit de randen af en zet ze 10 minuten in de koelkast. Rol het deeg opnieuw uit en herhaal dit met de helft van de resterende boter. Koel, rol en voeg de resterende boter toe en zet de laatste 10 minuten in de koelkast.

Rol het deeg uit tot een cirkel met een diameter van 2,5 cm en een diameter van ongeveer 18 cm. Leg op een ingevette bakplaat, bestrijk met eiwit en laat 15 minuten staan. Bak in een voorverwarmde oven op 180°C/thermostaat 4 gedurende 15 minuten tot ze goed gerezen en goudbruin zijn.

Karamel crème

Maakt een taart van 15 cm

Voor de karamel:

100 g poedersuiker (superfijn)

150 ml water

Voor de banketbakkersroom:

600 ml melk

4 eieren, licht losgeklopt

15 ml/1 el basterdsuiker (superfijn)

1 sinaasappel

Doe voor de karamel de suiker en het water in een kleine steelpan en smelt op laag vuur. Breng aan de kook en kook zonder roeren gedurende ongeveer 10 minuten tot de siroop rijk goudbruin wordt. Giet in een souffléschaal van 15 cm/6 inch en kantel de schaal zodat de karamel op de bodem druppelt.

Om de banketbakkersroom te maken, verwarm je de melk, giet je deze over de eieren en de suiker en klop je goed. Giet in de schaal. Zet de schaal in een vorm (mal) met heet water halverwege de schaal. Bak in een voorverwarmde oven op 170°C/325°F/thermostaat 3 gedurende 1 uur tot het gestold is. Laat afkoelen voordat je hem uit de vorm haalt op een serveerschaal. Schil de sinaasappel en snijd hem horizontaal in plakjes, en snijd vervolgens elke schijf doormidden. Schik rond de karamel om te versieren.

Gügelhopf

Maakt een taart van 20 cm

25g/1oz verse gist of 40ml/2½ el droge gist

120 ml hete melk

100 g rozijnen

15 ml/1 el rum

450 g sterk (brood)meel

5 ml/1 theelepel zout

Een snufje geraspte nootmuskaat

100 g poedersuiker (superfijn)

Geraspte schil van 1 citroen

6 oz/¾ kop/175 g boter of margarine, verzacht

3 eieren

100 g geblancheerde amandelen

Poedersuiker (voor zoetwaren) om te bestrooien

Meng de gist met een beetje warme melk en laat 20 minuten op een warme plaats staan tot het schuimt. Doe de rozijnen in een kom, besprenkel met rum en laat even weken. Doe de bloem, zout en nootmuskaat in een kom en roer de suiker en citroenrasp erdoor. Maak een kuiltje in het midden, giet het gistmengsel, de resterende melk, boter of margarine en eieren erin en kneed tot een deeg. Doe ze in een met olie ingevette kom, dek af met met olie ingevette huishoudfolie (plastic folie) en laat 1 uur op een warme plaats staan tot ze verdubbeld zijn in volume. Vet een gugelhopf-vorm van 20 cm (8 inch/20 cm) rijkelijk in met boter en schik de amandelen rond de bodem. Voeg de rozijnen en rum toe aan het gistdeeg en meng goed. Giet het mengsel in de vorm, dek af en laat 40 minuten rusten op een warme plaats tot het deeg bijna verdubbeld is in omvang en de bovenkant van de pan bereikt. Bak in een voorverwarmde oven op 200°C/400°F/thermostaat 6 gedurende 45 minuten, tot een in het midden gestoken tandenstoker er schoon uitkomt. Dek af met een dubbele laag perkamentpapier (vetvrij) tegen het einde van het bakken als de cake te veel bruin wordt. Laat afkoelen en bestrooi met poedersuiker. een dubbele laag perkamentpapier (vetvrij) tegen het einde van het bakken als de cake te veel bruin wordt. Laat afkoelen en bestrooi met poedersuiker. een dubbele laag perkamentpapier (vetvrij) tegen het einde van het bakken als de cake te veel bruin wordt. Laat afkoelen en bestrooi met poedersuiker.

Gugelhopf luxe chocolade

Maakt een taart van 20 cm

25g/1oz verse gist of 40ml/2½ el droge gist

120 ml hete melk

50 g rozijnen

50 g krenten

3 eetlepels/1oz/25g gemengde (gekonfijte) schors, gehakt

15 ml/1 el rum

450 g sterk (brood)meel

5 ml/1 theelepel zout

5 ml/1 theelepel. gemalen piment

Een snufje gemalen gember

100 g poedersuiker (superfijn)

Geraspte schil van 1 citroen

6 oz/¾ kop/175 g boter of margarine, verzacht

3 eieren

Voor garnering:

60 ml/4 theelepels eetlepels abrikozenjam (uit blik), gezeefd (gezeefd)

30 ml/2 eetlepels water

100 g pure chocolade (halfzoet)

2 oz/½ kopje/50 g geschaafde amandelen (in plakjes), geroosterd

Meng de gist met een beetje warme melk en laat 20 minuten op een warme plaats staan tot het schuimt. Doe de rozijnen, krenten en gemengde schil in een kom, besprenkel met rum en laat even intrekken. Doe de bloem, het zout en de kruiden in een kom en roer de suiker en de citroenrasp erdoor. Maak een kuiltje in het midden, giet het gistmengsel, de resterende melk en eieren erin en kneed tot een deeg. Doe ze in een met olie ingevette kom, dek af met met olie ingevette huishoudfolie (plastic folie) en laat 1 uur op een warme plaats staan tot ze verdubbeld zijn in volume. Kneed het fruit en de rum door het gistdeeg en meng goed. Giet het mengsel in een goed beboterde gugelhopfvorm van 20 cm doorsnee, dek af en laat 40 minuten rusten op een warme plaats tot het deeg bijna verdubbeld is in omvang en de bovenkant van de pan bereikt. Bak in een voorverwarmde oven op 200°C/400°F/thermostaat 6 gedurende 45 minuten, tot een in het midden gestoken tandenstoker er schoon uitkomt. Dek af met een dubbele laag perkamentpapier (vetvrij) tegen het einde van het bakken als de cake te veel bruin wordt. Ontvorm en laat afkoelen.

Verwarm de jam met het water, roer tot alles goed gemengd is. Borstel de taart. Smelt de chocolade in een hittebestendige kom boven een pan met kokend water. Verdeel over de cake en druk de geschaafde amandelen rond de bodem voordat de chocolade hard wordt.

Gestolen

Maakt drie cakes van 350 g/12 oz

15 g/½ oz verse gist of 20 ml/4 el. droge gist

15 ml/1 el basterdsuiker (superfijn)

120 ml/4 fl oz/½ kopje lauw water

25 g/1 oz/¼ kopje sterk (brood)meel

Voor de fruitpasta:

450 g sterk (brood)meel

5 ml/1 theelepel zout

75g/3oz/1/3 kop demerara suiker

1 ei, licht losgeklopt

8 oz/11/3 kopjes rozijnen

30 ml/2 eetlepels rum

2 oz/50 g/1/3 kop gemengde (gekonfijte) schors, gehakt

50 g gemalen amandelen

5 ml/1 theelepel. gemalen kaneel

100 g boter of margarine, gesmolten

175g marsepein

Voor de kers:

1 ei, licht losgeklopt

75 g poedersuiker (superfijn)

90 ml/6 eetlepels water

50 g geschaafde amandelen (fijngehakt)

Poedersuiker (voor zoetwaren) om te bestrooien

Om het gistmengsel te maken, meng je gist en suiker tot een pasta met warm water en bloem. Laat 20 minuten op een warme plaats staan tot het schuimig is.

Om de vruchtenpasta te maken, doe je de bloem en het zout in een kom, roer je de suiker erdoor en maak je een kuiltje in het midden. Voeg het ei met het gistmengsel toe en meng tot een glad deeg. Voeg rozijnen, rum, gemengde schil, gemalen amandelen en kaneel toe en kneed tot alles goed gecombineerd en glad is. Doe ze in een met olie ingevette kom, dek af met met olie ingevette huishoudfolie (plastic folie) en laat 30 minuten op een warme plaats staan.

Verdeel het deeg in drieën en rol het uit tot rechthoeken van ongeveer ½ inch/1 cm dik. Bestrijk de bovenkant met boter. Verdeel de marsepein in drieën en rol er een worstvorm van. Leg er een in het midden van elke rechthoek en vouw het deeg eroverheen. Draai de naad naar beneden en leg ze op een ingevette bakplaat. Bestrijk met ei, dek af met geoliede vershoudfolie (plastic folie) en laat 40 minuten op een warme plaats staan tot het volume verdubbeld is.

Bak in een voorverwarmde oven op 220°C/425°F/thermostaat 7 gedurende 30 minuten tot ze goudbruin zijn.

Kook ondertussen de suiker met het water 3 minuten tot een dikke siroop ontstaat. Bestrijk de bovenkant van elke stol met de siroop en bestrooi met geschaafde amandelen en poedersuiker.

Amandel Stollen

Maakt twee broden van 450 g

15 g/½ oz verse gist of 20 ml/4 el. droge gist

50 g basterdsuiker (superfijn)

300 ml hete melk

1 ei

Geraspte schil van 1 citroen

Een snufje geraspte nootmuskaat

450 g bloem (voor alle doeleinden)

Een snufje zout

2/3 kop / 100 g gemengde (gekonfijte) schors, gehakt

175 g amandelen, gehakt

2 oz/¼ kop/50 g boter of margarine, gesmolten

3 oz/½ kopje/75 g poedersuiker (voor banketbakkers), gezeefd, om te bestuiven

Meng de gist met 5 ml/1 tl. suiker en een beetje hete melk en laat 20 minuten op een warme plaats staan tot het schuimig is. Klop het ei los met de rest van de suiker, de citroenschil en de nootmuskaat, roer het gistmengsel erdoor met de bloem, het zout en de rest van de lauwwarme melk en meng tot een zacht deeg ontstaat. Doe ze in een met olie ingevette kom, dek af met met olie ingevette huishoudfolie (plastic folie) en laat 30 minuten op een warme plaats staan.

Roer de gemengde schil en amandelen erdoor, dek weer af en laat 30 minuten op een warme plaats staan tot het volume verdubbeld is.

Verdeel het deeg in tweeën. Rol de ene helft uit tot een worst van 30 cm/12. Druk op de deegroller in het midden om een dip te maken, vouw vervolgens een kant in de lengte en druk zachtjes naar beneden. Herhaal met de andere helft. Leg beide op een ingevette en met bakpapier beklede bakplaat (koekje), dek af met geoliede vershoudfolie (plasticfolie) en laat 25 minuten op een warme plaats staan tot ze in volume verdubbeld zijn. Bak in een voorverwarmde oven op 200°C/400°F/thermostaat 6 gedurende 1 uur, tot ze goudbruin zijn en een in het midden gestoken tandenstoker er schoon uitkomt. Bestrijk de warme broodjes rijkelijk met gesmolten boter en bestrooi ze met poedersuiker.

Stollen met pistachenoten

Maakt twee broden van 450 g

15 g/½ oz verse gist of 20 ml/4 el. droge gist

50 g basterdsuiker (superfijn)

300 ml hete melk

1 ei

Geraspte schil van 1 citroen

Een snufje geraspte nootmuskaat

450 g bloem (voor alle doeleinden)

Een snufje zout

2/3 kop / 100 g gemengde (gekonfijte) schors, gehakt

100 g pistachenoten, gehakt

100g marsepein

15 ml / 1 el maraschino-likeur

1/3 kop/2 oz/50 g poedersuiker (voor banketbakkers), gezeefd

Voor garnering:

2 oz/¼ kop/50 g boter of margarine, gesmolten

3 oz/½ kopje/75 g poedersuiker (voor banketbakkers), gezeefd, om te bestuiven

Meng de gist met 5 ml/1 tl. suiker en een beetje hete melk en laat 20 minuten op een warme plaats staan tot het schuimig is. Klop het ei los met de rest van de suiker, de citroenschil en de nootmuskaat, roer het gistmengsel erdoor met de bloem, het zout en de rest van de lauwwarme melk en meng tot een zacht deeg ontstaat. Doe ze in een met olie ingevette kom, dek af met met olie ingevette huishoudfolie (plastic folie) en laat 30 minuten op een warme plaats staan.

Kneed de gemengde schil en pistachenoten, dek weer af en laat 30 minuten op een warme plaats staan tot het in volume verdubbeld is. Verwerk de marsepein, likeur en poedersuiker tot een papje, rol het uit tot 1 cm dik en snijd het in blokjes. Werk in het deeg zodat de blokjes heel blijven.

Verdeel het deeg in tweeën. Rol de ene helft uit tot een worst van 30 cm/12. Druk op de deegroller in het midden om een dip te maken, vouw vervolgens een kant in de lengte en druk zachtjes naar beneden. Herhaal met de tweede helft. Leg beide op een ingevette en met bakpapier beklede bakplaat (koekje), dek af met geoliede vershoudfolie (plasticfolie) en laat 25 minuten op een warme plaats staan tot ze in volume verdubbeld zijn. Bak in een voorverwarmde oven op 200°C/400°F/thermostaat 6 gedurende 1 uur, tot ze goudbruin zijn en een in het midden gestoken tandenstoker er schoon uitkomt. Bestrijk de warme broodjes rijkelijk met gesmolten boter en bestrooi ze met poedersuiker.

baklava

Geef 24

450 g poedersuiker (superfijn)

300 ml water

5 ml/1 theelepel citroensap

30 ml/2 eetlepels rozenwater

12 oz/350 g 1½ kopjes ongezouten boter (gezoet), gesmolten

450 g filodeeg (deeg)

6 kopjes / 1½ lbs / 675 g amandelen, fijngehakt

Om de siroop te maken, los je de suiker op laag vuur op in het water, terwijl je af en toe roert. Voeg het citroensap toe en breng aan de kook. Kook gedurende 10 minuten tot het stroperig is, voeg dan het rozenwater toe en laat afkoelen, daarna in de koelkast zetten.

Bestrijk een grote ovenschaal met gesmolten boter. Leg de helft van de filovellen in de pan en bestrijk ze elk met boter. Vouw de randen naar binnen om de vulling te omsluiten. Verdeel de amandelen erover. Ga door met het leggen van de rest van het deeg en bestrijk elk vel met gesmolten boter. Bestrijk de bovenkant royaal met boter. Snijd het deeg in diamanten van ongeveer 5 cm breed. Bak in een voorverwarmde oven op 180°C/thermostaat 4 gedurende 25 minuten tot ze krokant en goudbruin zijn. Giet de verse siroop erover en laat afkoelen.

Hongaarse stress wervelingen

Geeft 16

25g/1oz verse gist of 40ml/2½ el droge gist

15 ml/1 el zachte bruine suiker

½ pt/1¼ kopjes/300 ml lauw water

15ml/1 theelepel eetlepel boter of margarine

450 g volkorenmeel (volkoren)

15 ml/1 eetlepel melkpoeder (magere melkpoeder)

5 ml/1 theelepel. gemalen specerijen (appeltaart)

2,5 ml/½ theelepel zout

1 ei

175 g krenten

100 g rozijnen (goudrozijnen)

50 g rozijnen

2 oz/50 g/1/3 kop gemengde (gekonfijte) schors, gehakt

Voor garnering:

75 g volkorenmeel (volkoren)

2 oz/¼ kop/50 g boter of margarine, gesmolten

75 g zachte bruine suiker

25 g/1 oz/¼ kopje sesamzaadjes

Voor de vulling:

50 g zachte bruine suiker

2 oz/¼ kopje/50 g boter of margarine, verzacht

50 g gemalen amandelen

2,5 ml/½ theelepel geraspte nootmuskaat

25 g pruimen zonder pit (zonder pit), gehakt

1 losgeklopt ei

Meng de gist en suiker met een beetje warm water en laat 10 minuten op een warme plaats staan tot het schuimig is. Wrijf de boter of margarine door de bloem, roer dan de melkpoeder, de gemengde kruiden en het zout erdoor en maak een kuiltje in het midden. Roer het ei, het gistmengsel en het resterende lauwwarme water erdoor en meng tot een pasta. Kneed tot een gladde en elastische massa. Kneed krenten, rozijnen, rozijnen en gemengde schil. Doe ze in een met olie ingevette kom, dek af met met olie ingevette huishoudfolie (plastic folie) en laat 1 uur warm worden.

Meng de ingrediënten voor de vulling tot ze kruimelig zijn. Roer voor de vulling de boter of margarine en suiker tot een romig geheel en roer dan de amandelen en nootmuskaat erdoor. Rol het deeg uit tot een grote rechthoek van ongeveer ½ inch/1 cm dik. Bedek met vulling en bestrooi met pruimen. Rol op als een Zwitsers (jelly) broodje en bestrijk de randen met ei om ze aan elkaar te dichten. Snijd in plakjes van 2,5 cm/1 inch en leg ze in een beboterde, ondiepe springvorm. Bestrijk met ei en besprenkel met het topping-mengsel. Dek af en laat 30 minuten rijzen op een warme plaats. Bak in een voorverwarmde oven op 220°C/425°F/thermostaat 7 gedurende 30 minuten.

Panforte

Maakt een taart van 23 cm

175 g kristalsuiker

175 g/6 oz/½ kopje heldere honing

2/3 kopje/100 g gedroogde vijgen, gehakt

2/3 kop / 100 g gemengde (gekonfijte) schors, gehakt

2 oz/50 g/¼ kopje geglaceerde kersen (gekonfijt), gehakt

50 g bevroren ananas (gekonfijt), gehakt

1½ kopjes/6 oz/175 g geblancheerde amandelen, grof gehakt

100 g walnoten, grof gehakt

100 g hazelnoten, grof gehakt

50 g bloem (voor alle doeleinden)

25 g cacaopoeder (ongezoete chocolade).

5 ml/1 theelepel. gemalen kaneel

Een snufje geraspte nootmuskaat

15ml/1 theelepel poedersuiker (zoetwaren), gezeefd

Los de basterdsuiker op in de honing in een pannetje op laag vuur. Breng aan de kook en laat 2 minuten koken tot een dikke siroop ontstaat. Meng fruit en noten en roer de bloem, cacao en kruiden erdoor. Roer de siroop erdoor. Giet het mengsel in een ingevette sandwichpan van 9 cm/23 cm, bekleed met rijstpapier. Bak in een voorverwarmde oven op 180°C/350°F/thermostaat 4 gedurende 45 minuten. Laat 15 minuten in de vorm afkoelen en stort dan op een rooster om af te koelen. Bestrooi voor het serveren met poedersuiker.

Pasta Lint Taart

Maakt een taart van 23 cm

300 g bloem (voor alle doeleinden)

2 oz/¼ kop/50 g boter of margarine, gesmolten

3 losgeklopte eieren

Een snufje zout

225 g amandelen, gehakt

200 g / 7 oz / beetje 1 kopje basterdsuiker (superfijn)

Geraspte schil en sap van 1 citroen

90 ml/6 eetlepels kirsch

Doe de bloem in een kom en maak een kuiltje in het midden. Voeg de boter, eieren en zout toe en meng tot een zacht deeg. Dun uitrollen en in smalle linten snijden. Meng amandelen, suiker en citroenschil. Beboter een cakevorm van 9/23 cm en bestuif met bloem. Leg een laag pastalinten op de bodem van de vorm, besprenkel met een beetje van de amandelbereiding en besprenkel met een beetje kirsch. Ga door met het aanbrengen van laagjes en eindig met een laagje pasta. Bedek met beboterd bakpapier (met was behandeld) en bak in de oven op 180°C/350°F/thermostaat 4 gedurende 1 uur. Voorzichtig uit de vorm halen en warm of koud serveren.

Italiaanse rijstcake met Grand Marnier

Maakt een taart van 20 cm

1,5 liter melk

Een snufje zout

12 oz/1½ kopjes/350 g arborio of andere halfkorrelige rijst

Geraspte schil van 1 citroen

60 ml/4 theelepels eetlepel poedersuiker (superfijn)

3 eieren

25 g boter of margarine

1 eigeel

30 ml/2 eetl. eetlepels gehakte gemengde (gekonfijte) schors

2 kopjes / 8 oz / 225 g geschaafde amandelen (in vlokken), geroosterd

45 ml/3 eetl. Grote Marnier

30 ml/2 eetl. eetlepels gedroogd paneermeel

Breng de melk en het zout aan de kook in een pan met dikke bodem, voeg de rijst en de citroenschil toe, dek af en laat 18 minuten sudderen onder af en toe roeren. Haal van het vuur en roer de suiker, eieren en boter of margarine erdoor en laat lauwwarm worden. Roer de eidooier, gemengde schil, walnoten en Grand Marnier erdoor. Beboter een cakevorm met een doorsnee van 20 cm en bestrooi met paneermeel. Giet het mengsel in de vorm en bak in een voorverwarmde oven op 150°C/300°F/thermostaat 2 gedurende 45 minuten, tot een in het midden gestoken tandenstoker er schoon uitkomt. Laat afkoelen in de pan, haal dan uit de vorm en serveer warm.

Siciliaans biscuitgebak

Maakt een cake van 7 x 3½"/23 x 9 cm

Madeiracake 450 g/1 lb

                    Voor de vulling:

450 g/1 lb/2 kopjes Ricotta kaas

50 g basterdsuiker (superfijn)

30 ml/2 eetl. eetlepels slagroom (dik)

30 ml/2 eetl. eetlepels gehakte gemengde (gekonfijte) schors

15 ml / 1 el gemalen amandelen

30 ml/2 el sinaasappellikeur

50 g pure chocolade (halfzoet), geraspt

                    Voor de kers (icing):

350 g pure chocolade (halfzoet)

6 fl oz/¾ kopje sterke zwarte koffie

225 g ongezouten boter of margarine (gezoet)

Snijd de cake in de lengte in plakken van 1 cm/½. Passeer voor de vulling de ricotta door een zeef (zeef) en klop tot een gladde massa. Roer suiker, room, gemengde schil, amandelen, likeur en chocolade erdoor. Schik de cakelagen en het ricottamengsel in een met folie beklede broodvorm van 450 g/1 lb en eindig met de cakevorm. Vouw de folie eroverheen en zet 3 uur in de koelkast tot het stevig is.

Smelt voor het glazuur de chocolade en de koffie in een hittebestendige kom boven een pan met kokend water. Roer de boter of margarine erdoor en blijf kloppen tot een gladde massa. Laat afkoelen tot het ingedikt is.

Haal de cake uit de folie en plaats hem op een serveerschaal. Schik of verdeel het glazuur over de bovenkant en zijkanten van de cake en kerf patronen met een vork, indien gewenst. Koel tot stevig.

Italiaanse Ricottacake

Maakt een taart van 25 cm

Voor de saus:

225 g frambozen

250 ml water

50 g basterdsuiker (superfijn)

30 ml / 2 el maïzena (maïzena)

Voor de vulling:

450 g/1 lb/2 kopjes Ricotta kaas

225 g/8 oz/1 kopje roomkaas

75 g poedersuiker (superfijn)

5 ml/1 theelepel vanille-essence (extract)

Geraspte schil van 1 citroen

Geraspte schil van 1 sinaasappel

Een engelentaart van 25 cm/10 inch

Om de saus te maken, pureert u de ingrediënten tot een gladde massa, giet dan in een kleine steelpan en kook op middelhoog vuur, al roerend, tot de saus dikker wordt en begint te koken. Laat de zaden uitlekken en gooi ze weg, indien gewenst. Dek af en zet in de koelkast.

Klop voor de vulling alle ingrediënten door elkaar tot ze goed gemengd zijn.

Snijd de cake horizontaal in drie lagen en beleg ze met tweederde van de vulling, verdeel de rest erover. Dek af en zet in de koelkast tot het klaar is om te serveren met de saus eroverheen gegoten.

Italiaanse vermicellicake

Maakt een taart van 23 cm

225 g vermicelli

4 eieren, gescheiden

200 g / 7 oz / beetje 1 kopje basterdsuiker (superfijn)

225 g Ricotta-kaas

2,5 ml/½ theelepel. gemalen kaneel

2,5 ml/½ theelepel gemalen kruidnagel

Een snufje zout

50 g bloem (voor alle doeleinden)

50 g rozijnen

45 ml/3 el heldere honing

Enkele (lichte) of dubbele (dikke) room om te serveren

Breng een grote pan water aan de kook, voeg de pasta toe en kook 2 minuten. Giet af en spoel af onder koud water. Klop de eidooiers met de suiker bleek en luchtig. Roer de ricotta, kaneel, kruidnagel en zout erdoor en roer dan de bloem erdoor. Roer de rozijnen en pasta erdoor. Klop de eiwitten tot ze zachte pieken vormen en spatel ze dan door het cakebeslag. Giet in een ingevette en beklede cakevorm van 9 cm/23 cm en bak in een voorverwarmde oven op 200°C/400°F/thermostaat 6 gedurende 1 uur goudbruin. Verwarm de honing zachtjes en giet het over de hete cake. Serveer warm met slagroom.

Italiaanse cake met walnoten en mascarpone

Maakt een taart van 23 cm

Bladerdeeg 450g/1lb

175 g mascarponekaas

50 g basterdsuiker (superfijn)

30 ml/2 el abrikozenjam (winkel)

3 eierdooiers

50 g walnoten, gehakt

2/3 kop / 100 g gemengde (gekonfijte) schors, gehakt

Fijngeraspte schil van 1 citroen

Poedersuiker (zoetwaren), gezeefd, om te bestuiven

Rol het deeg uit en gebruik de helft ervan om een beboterde taartvorm van 23 cm/9 cm te bekleden. Klop de mascarpone los met de suiker, de jam en 2 eierdooiers. Bewaar 15 ml/1 el walnoten voor garnering en roer de rest samen met de schil en de citroenschil door het mengsel. Giet in de taartbodem (taartbodem). Bedek de vulling met het resterende deeg (deeg), bevochtig en plak de randen dicht. Klop de rest van het eigeel los en bestrijk de bovenkant. Bak in een voorverwarmde oven op 200°C/400°F/thermostaat 6 gedurende 35 minuten tot ze gerezen en goudbruin zijn. Bestrooi met gereserveerde walnoten en bestuif met poedersuiker.

Hollandse appeltaart

Voor 8 personen

2/3 kop / 5 oz / 150 g boter of margarine

225 g/8 oz/2 kopjes bloem (voor alle doeleinden)

5ml/1 theelepel bakpoeder

2 eieren, gescheiden

10 ml/2 tl citroensap

2 lbs/900 g kook (taart) appels, ongeschild, zonder klokhuis en in plakjes

1 kop/6 oz/175 g kant-en-klare gedroogde abrikozen, in kwarten

100 g rozijnen

30 ml/2 eetlepels water

5 ml/1 theelepel. gemalen kaneel

50 g gemalen amandelen

Wrijf de boter of margarine door de bloem en het bakpoeder tot het mengsel op broodkruimels lijkt. Voeg de eidooiers en 5 ml/1 tsp. citroensap en meng tot een zachte pasta. Rol tweederde van het deeg (deeg) uit en bekleed er een beboterde cakevorm van 23 cm/9 mee.

Doe de appelschijfjes, abrikozen en rozijnen in een pan met het resterende citroensap en water. Laat 5 minuten zachtjes pruttelen en giet dan af. Verdeel het fruit over de bodem van de taart. Meng kaneel en gemalen amandelen en strooi erover. Rol de rest van het deeg uit en maak een deksel voor de cake. Maak de rand dicht met een beetje water en bestrijk de bovenkant met eiwit. Bak in een voorverwarmde oven op 180°C/thermostaat 4 gedurende ongeveer 45 minuten tot ze stevig en goudbruin zijn.

Gewone Noorse cake

Maakt een taart van 25 cm

8 oz/1 kop boter of margarine, verzacht

10 oz/275 g/1¼ kopjes poedersuiker (superfijn)

5 eieren

175 g/6 oz/1½ kopje bloem (voor alle doeleinden)

7,5 ml/1½ theelepel. bakpoeder

Een snufje zout

5 ml/1 theelepel. amandelessence (extract)

Roomboter of margarine en suiker tot een mengsel. Voeg geleidelijk de eieren toe en klop goed na elke toevoeging. Roer de bloem, bakpoeder, zout en amandelessence erdoor tot een gladde massa. Giet in een niet-ingevette cakevorm van 10/25 cm en bak in een voorverwarmde oven van 320°F/160°C/thermostaat 3 gedurende 1 uur tot het stevig aanvoelt. Laat 10 minuten afkoelen in de vorm voordat je hem uit de vorm haalt op een rooster om af te koelen.

Noorse kransekake

Maakt een taart van 25 cm

450 g gemalen amandelen

100 g gemalen bittere amandelen

450g/1lb/22/3 kopjes poedersuiker

3 eiwitten

                Voor de kers (icing):

75g/3oz/½ kopje poedersuiker

½ eiwit

2,5 ml/½ theelepel citroensap

Combineer amandelen en poedersuiker in een pan. Roer het eiwit erdoor en zet het mengsel op laag vuur tot het lauwwarm is. Haal van het vuur en roer de resterende eiwitten erdoor. Schep het mengsel in een spuitzak met een gekartelde spuitmond van ½"/1 cm (tip) en spuit een spiraal van 25 cm doorsnee op een ingevette bakplaat. Ga door met het vormen van spiralen, elke 5 mm/2 kleiner dan de vorige, tot je een cirkel van 5 cm/2 hebt. Bak in een voorverwarmde oven op 150°C/300°F/thermostaat 2 gedurende ongeveer 15 minuten tot ze licht goudbruin zijn. Terwijl ze nog warm zijn, leg je ze op elkaar om een toren te vormen.

Meng de ingrediënten voor het glazuur en maak met een fijn mondstuk zigzaglijnen over de hele cake.

Portugese kokoskoekjes

Geef 12

4 eieren, gescheiden

450 g poedersuiker (superfijn)

450 g gedroogde kokosnoot (geraspt)

100 g rijstmeel

50 ml/2 fl oz/3½ el rozenwater

1,5 ml/¼ theelepel gemalen kaneel

1,5 ml/¼ theelepel gemalen kardemom

Een snufje gemalen kruidnagel

Een snufje geraspte nootmuskaat

1 oz / ¼ kopje geschaafde amandelen (gehakt)

Klop de eierdooiers en de suiker samen tot ze wit worden. Roer de kokos erdoor en roer dan de bloem erdoor. Roer het rozenwater en de kruiden erdoor. Klop de eiwitten stijf en spatel ze dan door het mengsel. Giet in een beboterde vorm van 25 cm/10 vierkant en bestrooi met amandelen. Bak in een voorverwarmde oven op 180°C/350°F/thermostaat 4 gedurende 50 minuten, tot een in het midden gestoken tandenstoker er schoon uitkomt. Laat 10 minuten in de vorm afkoelen en snij dan in vierkanten.

Scandinavische Toscacake

Maakt een taart van 23 cm

2 eieren

2/3 kop / 5 oz / 150 g zachte bruine suiker

2 oz/¼ kop/50 g boter of margarine, gesmolten

10ml/2 eetl. geraspte sinaasappelschil

150 g bloem (voor alle doeleinden)

7,5 ml/1½ theelepel. bakpoeder

60 ml/4 theelepels eetlepels slagroom (dik)

Voor garnering:

2 oz/¼ kop/50 g boter of margarine

50 g basterdsuiker (superfijn)

100 g amandelen, gehakt

15ml/1 theelepel eetlepels slagroom (dik)

30 ml/2 eetl. eetlepel bloem (voor alle doeleinden)

Klop eieren en suiker samen tot licht en luchtig. Roer de boter of margarine en de sinaasappelschil erdoor en roer dan de bloem en het bakpoeder erdoor. Roer de room erdoor. Giet het mengsel in een beboterde en beklede cakevorm van 9/23 cm en bak in een voorverwarmde oven op 180°C/350°C/thermostaat 4 gedurende 20 minuten.

Om de vulling te maken, verwarm je de ingrediënten in een pan, al roerend, tot ze goed gemengd zijn en breng aan de kook. Giet over de taart. Verhoog de oventemperatuur tot 200°C/400°F/thermostaat 6 en zet de cake terug in de oven voor nog eens 15 minuten tot hij goudbruin is.

Hertzog koekjes uit Zuid-Afrika

Geef 12

75 g bloem (voor alle doeleinden)

15 ml/1 el basterdsuiker (superfijn)

5ml/1 theelepel bakpoeder

Een snufje zout

40 g/3 el boter of margarine

1 groot eigeel

5 ml/1 theelepel melk

Voor de vulling:

30 ml/2 el abrikozenjam (winkel)

1 groot eiwit

100 g poedersuiker (superfijn)

50 g gedroogde kokosnoot (geraspt)

Meng bloem, suiker, bakpoeder en zout door elkaar. Wrijf boter of margarine erdoor tot het mengsel op broodkruimels lijkt. Meng de eidooier en voldoende melk om een zacht deeg te maken. Kneed goed. Rol het deeg uit op een licht met bloem bestoven oppervlak, steek er cirkels uit met een koekjessnijder (biscuit) en gebruik het om ingevette broodpannen (pasteitjes) te bekleden. Laat een lepel jam in het midden van elk vallen.

Klop voor de vulling het eiwit stijf en roer dan de suiker erdoor tot het stijf en glanzend is. Roer de kokos erdoor. Giet de vulling in de taartbodems (taartvormpjes) en zorg ervoor dat de jam bedekt is. Bak in een voorverwarmde oven op 180°C/thermostaat 4 gedurende 20 minuten tot ze goudbruin zijn. Laat 5 minuten afkoelen in de vormpjes voordat je ze uit de vorm haalt op een rooster om verder af te koelen.

Baskische taart

Maakt een taart van 25 cm

Voor de vulling:

50 g basterdsuiker (superfijn)

25 g maïsmeel (maizena)

2 eidooiers

300 ml melk

½ vanillestokje (peul)

Een beetje poedersuiker

Voor de taart:

10 oz/1¼ kopjes/275 g boter of margarine, verzacht

175 g poedersuiker (superfijn)

3 eieren

5 ml/1 theelepel vanille-essence (extract)

450 g bloem (voor alle doeleinden)

10ml/2 theelepel bakpoeder

Een snufje zout

15 ml / 1 el cognac

Poedersuiker (voor zoetwaren) om te bestrooien

Klop voor de vulling de helft van de poedersuiker met de maïzena, eierdooiers en een beetje melk. Breng de rest van de melk en suiker aan de kook met het vanillestokje en giet dan langzaam het suiker-eimengsel erbij terwijl je blijft kloppen. Breng aan de kook en kook gedurende 3 minuten, al roerend. Giet in een kom, bestrooi met poedersuiker om velvorming te voorkomen en laat afkoelen.

Klop voor de cake de boter of margarine en poedersuiker tot een licht en luchtig mengsel. Roer geleidelijk de eieren en vanille-essence erdoor, afgewisseld met lepels bloem, bakpoeder en zout, en roer dan de resterende bloem erdoor. Giet het mengsel in een spuitzak met een gladde spuitmond van 1 cm/½ inch en giet de helft van het mengsel in een spiraal op de bodem van een beboterde en met bloem bestoven springvorm van 25 cm/10. Schik een cirkel bovenop rond de rand om een lip te vormen om de vulling vast te houden. Gooi het vanillestokje uit de vulling, roer de cognac erdoor en klop tot een gladde massa, giet dan over de cakemix. Giet de rest van het cakebeslag in een spiraal eroverheen. Bak in een voorverwarmde oven op 190°C/thermostaat 5 gedurende 50 minuten tot ze goudbruin en stevig aanvoelen. Laat afkoelen en bestrooi met poedersuiker.

Amandel Roomkaas Prisma

Maakt een taart van 23 cm

7 oz/1¾ kopjes/200 g boter of margarine, verzacht

100 g poedersuiker (superfijn)

1 ei

200g/7oz/klein 1 kopje roomkaas

5 ml/1 theelepel citroensap

2,5 ml/½ theelepel. gemalen kaneel

75ml/5 el cognac

90 ml/6 eetlepels melk

30 Coole koekjes (koekjes)

Voor de kers (icing):

60 ml/4 eetlepels basterdsuiker

30 ml/2 el cacaopoeder (ongezoete chocolade).

100 g pure chocolade (halfzoet)

60 ml/4 eetlepels water

2 oz/¼ kop/50 g boter of margarine

100 g geschaafde amandelen (fijngehakt)

Klop de boter of margarine en de suiker tot een licht en luchtig geheel. Roer het ei, de roomkaas, het citroensap en de kaneel erdoor. Leg een groot vel aluminiumfolie op een werkvlak. Meng cognac en melk. Doop 10 koekjes in het cognacmengsel en schik op de aluminiumfolie in een rechthoek twee koekjes hoog bij vijf koekjes lang. Verdeel het kaasmengsel over de koekjes. Doop de overgebleven koekjes in de cognac en melk en leg ze op het mengsel zodat ze een lange driehoekige vorm krijgen. Roer de folie erdoor en zet een nacht in de koelkast.

Breng voor het glazuur de suiker, cacao, chocolade en water aan de kook in een kleine steelpan en kook gedurende 3 minuten. Haal van het vuur en roer de boter erdoor. Laat iets afkoelen. Verwijder de folie van de cake en verdeel het chocolademengsel erover. Terwijl het nog heet is, pers je de amandelen. Koel tot het is ingesteld.

Zwarte Woud taart

Maakt een cake van 7"/18 cm

6 oz/¾ kop/175 g boter of margarine, verzacht

175 g poedersuiker (superfijn)

3 eieren, licht losgeklopt

150 g zelfrijzend bakmeel (zelfrijzend)

25 g cacaopoeder (ongezoete chocolade).

10ml/2 theelepel bakpoeder

90 ml/6 el kersenjam (winkel)

100 g pure chocolade (halfzoet), fijn geraspt

14 oz/400 g grote zwarte kersen uit blik, uitgelekt en sap bewaard

¼ pt/2/3 kop/150 ml dubbele (zware) room, opgeklopt

10ml/2 eetl. pijlwortel

Klop de boter of margarine en de suiker tot een licht en luchtig geheel. Voeg geleidelijk de eieren toe en verwerk dan de bloem, cacao en bakpoeder. Verdeel het mengsel over twee ingevette en beklede 7cm/18cm sandwichpannen en bak in voorverwarmde 350°F/180°C/thermostaat 4 oven gedurende 25 minuten tot het stevig aanvoelt. Laten afkoelen.

Sandwich de cakes met een deel van de jam en verdeel de rest over de zijkanten van de cake. Druk de geraspte chocolade tegen de zijkanten van de cake. Verdeel de kersen er mooi over. Giet de room op de bovenrand van de cake. Verwarm de arrowroot met een beetje kersensap en bestrijk het fruit om te glaceren.

Amandel Chocoladetaart

Maakt een taart van 23 cm

100 g pure chocolade (halfzoet)

100 g boter of margarine, verzacht

2/3 kop / 5 oz / 150 g poedersuiker (superfijn)

3 eieren, gescheiden

50 g gemalen amandelen

100 g bloem (voor alle doeleinden)

Voor de vulling:

225 g pure chocolade (halfzoet)

½ pt/1¼ kopjes/300 ml slagroom (dik)

75 g frambozenjam (winkel)

Smelt de chocolade in een hittebestendige kom boven een pan met kokend water. Roer de boter of margarine en de suiker romig en roer dan de chocolade en eidooiers erdoor. Voeg de gemalen amandelen en bloem toe. Klop de eiwitten stijf en spatel ze dan door het mengsel. Giet in een ingevette en beklede cakevorm van 9 cm/23 cm en bak in een voorverwarmde oven van 180 °C/thermostaat 4 gedurende 40 minuten tot het stevig aanvoelt. Laat afkoelen en snijd de cake dan horizontaal doormidden.

Smelt voor de vulling de chocolade en room in een hittebestendige kom boven een pan met kokend water. Roer tot een gladde massa en laat afkoelen, af en toe roerend. Sandwich de taarten met de jam en de helft van de chocoladeroom, verdeel de rest van de room over de boven- en zijkanten van de taart en laat opstijven.

Chocolade Cheesecake

Maakt een taart van 23 cm

Voor de basis:

25 g poedersuiker (superfijn)

175 g/6 oz/1½ kopjes digestieve koekjeskruimels (graham crackers)

75 g boter of margarine, gesmolten

Voor de vulling:

100 g pure chocolade (halfzoet)

10 oz/300 g/1¼ kopjes roomkaas

3 eieren, gescheiden

45 ml/3 el cacaopoeder (ongezoete chocolade)

25 g bloem (voor alle doeleinden)

50 g zachte bruine suiker

150 ml zure room (zuivel)

50 g poedersuiker (superfijn) Voor decoratie:

100 g pure chocolade (halfzoet)

25 g boter of margarine

120 ml slagroom (dik)

6 geglaceerde kersen (gekonfijt)

Meng voor de bodem de suiker en de koekkruimels door de gesmolten boter en druk ze op de bodem en zijkanten van een beboterde springvorm van 9/23 cm.

Smelt voor de vulling de chocolade in een hittebestendige kom boven een pan met kokend water. Laat iets afkoelen. Klop de kaas met de eidooiers, cacao, bloem, bruine suiker en zure room en roer de gesmolten chocolade erdoor. Klop de eiwitten tot ze zachte pieken vormen, voeg dan de poedersuiker toe en klop opnieuw tot ze stijf en glanzend zijn. Roer het mengsel erdoor met een metalen lepel en een lepel op de bodem, en egaliseer het oppervlak. Bak in een voorverwarmde oven op 160°C/325°F/thermostaat 3 gedurende 1½ uur. Zet de oven uit en laat de cake in de oven afkoelen met de deur op een kier. Zet in de koelkast tot het stevig is en haal het dan uit de pan.

Smelt voor het decoreren chocolade en boter of margarine in een hittebestendige kom boven een pan met kokend water. Haal van het vuur en laat iets afkoelen, roer dan de room erdoor. Wervel de chocolade over de bovenkant van de cake met patroon en versier met de geglaceerde kersen.

Chocoladetaart

Maakt een taart van 20 cm

75 g pure (halfzoete) chocolade, fijngehakt

200 ml melk

225 g donkerbruine suiker

75 g boter of margarine, verzacht

2 eieren, licht losgeklopt

2,5 ml/½ tl vanille-essence (extract)

150 g bloem (voor alle doeleinden)

25 g cacaopoeder (ongezoete chocolade).

5ml/1 theelepel zuiveringszout (zuiveringszout)

Voor de kers (icing):

100 g pure chocolade (halfzoet)

100 g boter of margarine, verzacht

8 oz/11/3 kopjes/225 g poedersuiker (banketbakker), gezeefd

Chocoladevlokken of -krullen om te versieren

Smelt de chocolade, melk en 75 g suiker in een steelpan en laat iets afkoelen. Klop de boter en de resterende suiker licht en luchtig. Voeg geleidelijk de eieren en vanille-essence toe en voeg vervolgens het chocolademengsel toe. Roer voorzichtig de bloem, cacao en baking soda erdoor. Verdeel het mengsel over twee ingevette en beklede sandwichpannen van 8/20 cm en bak in een voorverwarmde oven van 180 °C/thermostaat 4 gedurende 30 minuten, tot het veerkrachtig aanvoelt. Laat 3 minuten in pannen afkoelen en stort ze dan op een rooster om af te koelen.

Smelt voor het glazuur de chocolade in een hittebestendige kom boven een pan met kokend water. Klop boter of margarine en suiker tot ze zacht zijn en roer dan de gesmolten chocolade erdoor.

Sandwich de cakes met een derde van het glazuur en verdeel de rest over de bovenkant en zijkanten van de cake. Versier de bovenkant met verkruimelde vlokken of maak krullen door met een scherp mes langs een chocoladereep te schrapen.

Johannesbrood muntcake

Maakt een taart van 20 cm

3 eieren

50 g basterdsuiker (superfijn)

75g/3oz/1/3 kopje zelfrijzend (zelfrijzend) meel

25 g johannesbroodpoeder

¼ pt/2/3 kop/150 ml slagroom

Een paar druppels pepermuntessence (extract)

50 g gehakte gemengde noten

Klop eieren tot bleek. Roer de suiker erdoor en ga door tot het mengsel bleek en romig is en in linten uit de garde stroomt. Het kan 15 tot 20 minuten duren. Combineer bloem en johannesbroodpoeder en roer dit door het eimengsel. Verdeel over twee ingevette en beklede taartvormen van 20 cm/18 en bak in een voorverwarmde oven van 180°C/350°F/thermostaat 4 gedurende 15 minuten tot ze zacht aanvoelen. Kosten.

Klop de slagroom tot een zachte slagroom, voeg de essence en de walnoten toe. Snijd elke cake horizontaal doormidden en beleg alle cakes met de room.

IJskoffie cake

Maakt een cake van 7"/18 cm

225 g boter of margarine

100 g poedersuiker (superfijn)

2 eieren, licht losgeklopt

100 g zelfrijzend (zelfrijzend) meel

Een snufje zout

30 ml/2 el koffie-essence (extract)

100 g geschaafde amandelen (fijngehakt)

8 oz/11/3 kopjes/225 g poedersuiker (banketbakker), gezeefd

Klop de helft van de boter of margarine en de poedersuiker licht en luchtig. Voeg geleidelijk de eieren toe en voeg dan de bloem, het zout en 15 ml/1 eetlepel koffie-essence toe. Verdeel het mengsel in twee ingevette en beklede sandwichpannen van 7 cm/18 cm en bak in een voorverwarmde oven van 350 °F/180 °C/thermostaat 4 gedurende 25 minuten tot het stevig aanvoelt. Laten afkoelen. Doe de amandelen in een droge koekenpan (koekenpan) en rooster ze op middelhoog vuur, terwijl je de pan voortdurend schudt, tot ze goudbruin zijn.

Klop de resterende boter of margarine zacht en roer dan geleidelijk de poedersuiker en de resterende koffie-essence erdoor totdat het smeerbaar is. Sandwich de cakes met een derde van de frosting (icing). Smeer de helft van het resterende glazuur op de zijkanten van de cake en druk de geroosterde amandelen in het glazuur. Verdeel de rest over de cake en kerf er patronen in met een vork.

Koffie en notenringcake

Maakt een taart van 23 cm

Voor de taart:

15 ml/1 el oploskoffiepoeder

15 ml/1 el melk

100 g zelfrijzend (zelfrijzend) meel

5ml/1 theelepel bakpoeder

100 g boter of margarine, verzacht

100 g poedersuiker (superfijn)

2 eieren, licht losgeklopt

Voor de vulling:

45 ml/3 eetl. eetlepels abrikozenjam (uit blik), gezeefd (gezeefd)

15 ml/1 el water

10 ml/2 tl oploskoffiepoeder

30 ml/2 eetlepels melk

2/3 kop / 4 oz / 100 g poedersuiker (banketbakker), gezeefd

2 oz/¼ kopje/50 g boter of margarine, verzacht

50 g walnoten, gehakt

Voor de kers (icing):

30 ml/2 eetlepels oploskoffiepoeder

90 ml/6 eetlepels melk

22/3 kopjes / 1 lb / 450 g poedersuiker (banketbakker), gezeefd

2 oz/¼ kop/50 g boter of margarine

Een paar halve walnoten om te garneren

Om de cake te maken, lost u de koffie op in de melk, mengt u deze met de rest van de cake-ingrediënten en klopt u tot alles goed gemengd is. Giet in een ingevette ronde pan van 9/23 cm (buispan) en bak in een voorverwarmde oven van 325°F/160°C/thermostaat 3 gedurende 40 minuten tot het veerkrachtig aanvoelt. Laat 5 minuten in de vorm afkoelen en stort dan op een rooster om af te koelen. Snijd de cake horizontaal doormidden.

Om de vulling te maken, verwarm je de jam en het water tot het gemengd is en strijk je het vervolgens op de snijvlakken van de cake. Los de koffie op in de melk, meng het dan met de poedersuiker met de boter of margarine en de noten en klop tot een smeerbare consistentie. Sandwich de twee helften van de cake samen met de vulling.

Om het glazuur te maken, lost u de koffie op in de melk in een hittebestendige kom die boven een pan met kokend water staat. Voeg poedersuiker en boter of margarine toe en klop tot een gladde massa. Haal van het vuur en laat afkoelen en dikker worden tot het bedekt is, af en toe kloppend. Giet het glazuur over de cake, garneer met halve walnoten en zet opzij.

Deense cake met chocolade en room

Maakt een taart van 23 cm

4 eieren, gescheiden

175 g poedersuiker (voor banketbakkers), gezeefd

Geraspte schil van ½ citroen

2½ oz/60 g/2/3 kop bloem (voor alle doeleinden)

2½ oz/60 g/2/3 kopje aardappelmeel

2,5 ml/½ theelepel bakpoeder

Voor de vulling:

45 ml/3 eetl. eetlepel poedersuiker (superfijn)

15 ml/1 el maïzena (maïzena)

300 ml melk

3 eidooiers, losgeklopt

50 g gehakte gemengde noten

¼ pt/2/3 kop/150 ml slagroom (zwaar)

Voor garnering:

100 g pure chocolade (halfzoet)

30 ml/2 eetl. eetlepels slagroom (dik)

1 oz/¼ kopje/25 g witte chocolade, geraspt of in lussen gesneden

Klop de eierdooiers los met de poedersuiker en de citroenrasp. Voeg de bloem en het bakpoeder toe. Klop de eiwitten stijf en spatel ze met een metalen lepel door het mengsel. Giet in een ingevette en met bakpapier beklede cakevorm van 9 cm/23 cm en bak in een voorverwarmde oven van 190 °C/thermostaat 5 gedurende 20 minuten tot ze goudbruin en zacht aanvoelt. Laat 5 minuten in de vorm afkoelen en stort dan op een rooster om af te koelen. Snijd de cake horizontaal in drie lagen.

Meng voor de vulling de suiker en maizena tot een papje met een beetje melk. Breng de rest van de melk aan de kook, giet het over het maïzenamengsel en meng goed. Doe terug in de afgespoelde pan en roer continu op zeer laag vuur tot de room dikker wordt. Klop de eierdooiers op heel laag vuur los zonder de banketbakkersroom te laten koken. Laat iets afkoelen en roer dan de noten erdoor. Klop de slagroom stijf en spatel hem dan door de banketbakkersroom. Beleg de lagen met de banketbakkersroom.

Smelt voor de vulling de chocolade met de slagroom in een hittebestendige kom boven een pan met kokend water. Verdeel over de taart en decoreer met geraspte witte chocolade.

Vruchten Taarten

Maakt een taart van 20 cm

1 bak(taart)appel, geschild, klokhuis verwijderd en in stukjes gesneden

1 oz/¼ kopje/25 g gedroogde vijgen, gehakt

25 g rozijnen

75 g boter of margarine, verzacht

2 eieren

175 g volkorenmeel (volkoren)

5ml/1 theelepel bakpoeder

30 ml/2 eetlepels magere melk

15 ml / 1 el gelatine

30 ml/2 eetlepels water

14 oz/400 g groot blik gesneden ananas, uitgelekt

300 ml roomkaas

¼ pt/2/3 kop/150 ml slagroom

Combineer appel, vijgen, rozijnen en boter of margarine. Roer de eieren. Roer bloem en bakpoeder erdoor en voldoende melk om tot een zacht mengsel te mengen. Giet in een ingevette cakevorm van 20 cm en bak in een voorverwarmde oven van 180 °C/thermostaat 4 gedurende 30 minuten tot het stevig aanvoelt. Haal uit de pan en laat afkoelen op een rooster.

Om de vulling te maken, strooi je de gelatine over het water in een kleine kom en laat je het luchtig worden. Zet de kom in een pan met heet water en laat het oplossen. Laat iets afkoelen. Roer ananas, roomkaas en room erdoor en zet in de koelkast tot het gestold is. Snijd de cake horizontaal doormidden en de boterham met de slagroom.

Fruit Savarin

Maakt een taart van 20 cm

15 g/½ oz verse gist of 20 ml/4 el. droge gist

45 ml/3 el warme melk

100 g sterk (brood)meel

Een snufje zout

5 ml/1 theelepel suiker

2 losgeklopte eieren

2 oz/¼ kopje/50 g boter of margarine, verzacht

Voor de siroop:

225 g poedersuiker (superfijn)

300 ml water

45 ml/3 eetlepels kirsch

Voor de vulling:

2 bananen

100 g aardbeien, in plakjes

100g frambozen

Combineer gist en melk en werk dan in 15 ml / 1 el bloem. Laten staan tot het schuimig is. Voeg de rest van de bloem, zout, suiker, eieren en boter toe en klop tot een zacht deeg ontstaat. Giet in een ingevette en met bloem bestoven savarin- of ringvorm van 20 cm/8 cm (buisvorm) en laat ongeveer 45 minuten op een warme plaats staan tot het mengsel bijna de bovenkant van de vorm bereikt. Bak in de voorverwarmde oven gedurende 30 minuten tot ze goudbruin zijn en uit de zijkanten van de pan krimpen. Ontvorm op een rooster boven een dienblad en prik alles in met een satéprikker.

Bereid de siroop terwijl de savarin kookt. Smelt de suiker in het water op laag vuur, af en toe roerend. Breng aan de kook en laat zonder roeren in 5 minuten siroopachtig sudderen. Voeg de kirsch toe. Giet de hete siroop over de savarin tot deze verzadigd is. Laten afkoelen.

Snijd de bananen in dunne plakjes en meng met het andere fruit en de siroop die in de bak is gelekt. Leg de savarin op een bord en leg het fruit vlak voor het opdienen in het midden.

Gember Laag Cake

Maakt een cake van 7"/18 cm

100 g zelfrijzend (zelfrijzend) meel

5ml/1 theelepel bakpoeder

100 g boter of margarine, verzacht

100 g poedersuiker (superfijn)

2 eieren

Voor de garnering en decoratie:
¼ pt/2/3 kop/150 ml slagroom of slagroom (zwaar)

100 g gembermarmelade

4 gemberkoekjes (koekjes), geplet

Een paar stukjes gekonfijte gember (gekonfijt)

Klop alle cake-ingrediënten samen tot ze goed gemengd zijn. Verdeel over twee ingevette en beklede 7cm/18cm sandwichpannen en bak in voorverwarmde 325°F/160°C/thermostaat 3 oven gedurende 25 minuten tot ze goudbruin en zacht aanvoelen. Laat 5 minuten afkoelen in de vormen en stort ze vervolgens op een rooster om verder af te koelen. Snijd elke cake horizontaal doormidden.

Klop voor de vulling de slagroom stijf. Besmeer de basislaag van een cake met de helft van de marmelade en leg de tweede laag erop. Smeer met de helft van de room en dek af met de volgende laag. Smeer het in met de rest van de marmelade en dek af met de laatste laag. Verdeel de rest van de room erover en decoreer met de koekkruimels en gekonfijte gember.

Rozijnen- en perzikcake

Maakt een taart van 20 cm

4 eieren

100 g poedersuiker (superfijn)

6 oz/75 g/1½ kopje bloem (voor alle doeleinden)

Een snufje zout

Voor de garnering en decoratie:
100 g/14 oz/1 grote blik perziken op siroop

2 kopjes/¾ pt/450 ml slagroom (dik)

50 g basterdsuiker (superfijn)

Enkele druppels vanille-essence (extract)

100 g hazelnoten, gehakt

100 g pitloze druiven (ontpit)

Een takje verse munt

Klop de eieren en suiker samen tot het mengsel dik en bleek is en in linten uit de garde stroomt. Zeef de bloem en het zout en spatel er voorzichtig door tot een geheel. Giet in een beboterde en met bakpapier beklede springvorm van 20 cm/8 cm en bak in een voorverwarmde oven op 180°C/350°F/thermostaat 4 gedurende 30 minuten tot een in het midden gestoken tandenstoker er schoon uitkomt. Laat 5 minuten in de vorm afkoelen en stort dan op een rooster om af te koelen. Snijd de cake horizontaal doormidden.

Giet de perziken af en bewaar 6 el/90ml siroop. Snijd de helft van de perziken in dunne plakjes en hak de rest fijn. Klop de slagroom met de suiker en vanille-essence dik. Smeer de helft van de room op de onderste laag van de cake, bestrooi met gehakte perziken en plaats de bovenkant van de cake terug. Smeer de rest van de room aan de zijkanten en op de bovenkant van de cake. Knijp de gemalen walnoten aan de zijkanten uit. Schik de gesneden perziken rond de bovenrand van de cake en de rozijnen in het midden. Versier met een takje munt.

Citroencake

Maakt een cake van 7"/18 cm

Voor de taart:

100 g boter of margarine, verzacht

100 g poedersuiker (superfijn)

2 eieren, licht losgeklopt

100 g zelfrijzend (zelfrijzend) meel

Een snufje zout

Geraspte schil en sap van 1 citroen

Voor de kers (icing):

100 g boter of margarine, verzacht

8 oz/1 1/3 kopjes/225 g poedersuiker (banketbakker), gezeefd

100 g citroengestremde melk

Icing bloemen voor decoratie

Klop voor de cake de boter of margarine en de suiker licht en luchtig. Roer geleidelijk de eieren erdoor en roer dan de bloem, het zout en de citroenschil erdoor. Verdeel het mengsel in twee ingevette en beklede sandwichpannen van 7 cm/18 cm en bak in een voorverwarmde oven van 350 °F/180 °C/thermostaat 4 gedurende 25 minuten tot het stevig aanvoelt. Laten afkoelen.

Klop voor het glazuur de boter of margarine zacht en roer dan de poedersuiker en het citroensap erdoor tot een smeerbare consistentie. Sandwich de cakes met de lemon curd en verdeel driekwart van het glazuur over de bovenkant en zijkanten van de cake, kerf patronen met een vork. Doe de rest van de icing in een spuitzak met stervormige punt (tip) en spuit rozetten rond de bovenkant van de cake. Versier met suikerglazuurbloemen.

Bruine Taart

Maakt een taart van 25 cm

15 oz/425 g grote kastanjepuree uit blik

6 eieren, gescheiden

5 ml/1 theelepel vanille-essence (extract)

5 ml/1 theelepel. gemalen kaneel

350 g poedersuiker (voor banketbakkers), gezeefd

100 g bloem (voor alle doeleinden)

5ml/1 theelepel gelatinepoeder

30 ml/2 eetlepels water

15 ml/1 el rum

½ pt/1¼ kopjes/300 ml slagroom (dik)

90 ml/6 eetlepels abrikozenjam (uit blik), gezeefd (uitgelekt)

30 ml/2 eetlepels water

450 g pure (halfzoete) chocolade, in stukjes gebroken

100g marsepein

30 ml/2 eetlepels gehakte pistachenoten

Zeef de kastanjepuree en roer tot een gladde massa, verdeel dan in tweeën. Meng de helft met de eidooiers, vanille-essence, kaneel en 50 g poedersuiker. Klop de eiwitten stijf en klop er dan geleidelijk 1 kop/6 oz/175 g poedersuiker door tot er stijve pieken ontstaan. Voeg toe aan het mengsel van eidooiers en kastanjes. Voeg de bloem toe en giet het in een beboterde en met bakpapier beklede cakevorm van 25 cm. Bak in een voorverwarmde oven op 180°C/thermostaat 4 gedurende 45 minuten tot ze zacht aanvoelt. Laat afkoelen, dek af en laat een nacht staan.

Strooi de gelatine over het water in een kom en laat sponsachtig worden. Zet de kom in een pan met heet water en laat het oplossen. Laat iets afkoelen. Meng de rest van de kastanjepuree met de rest van de poedersuiker en de rum. Klop de slagroom stijf en spatel hem met de opgeloste gelatine door de puree. Snijd de taart horizontaal in drieën en de boterham met de kastanjepuree. Snijd de randen bij en zet 30 minuten in de koelkast.

Kook jam met water tot het gemengd is en bestrijk dan de bovenkant en zijkanten van de cake. Smelt de chocolade in een hittebestendige kom boven een pan met kokend water. Vorm van de marsepein 16 kastanjevormpjes. Doop de bodem in de gesmolten chocolade en vervolgens in de pistachenoten. Verdeel de resterende chocolade over de bovenkant en zijkanten van de cake en strijk het oppervlak glad met een paletmes. Schik de marsepeinen kastanjes langs de rand terwijl de chocolade nog heet is en kerf ze in 16 plakjes. Laat afkoelen en stel in.

Duizendblad

Maakt een taart van 23 cm

Bladerdeeg 225g/8oz

¼ pt/2/3 kop/150 ml dubbele (zware) of slagroom

45 ml/3 eetl. eetlepels frambozenjam (bewaren)

Poedersuiker (zoetwaren), gezeefd

Rol het deeg (deeg) uit tot ongeveer 1/8/3 mm dik en snijd in drie gelijke rechthoeken. Leg op een vochtige bakplaat (koekje) en bak in een voorverwarmde oven op 200°C/400°F/thermostaat 6 in 10 minuten goudbruin. Koel op een rooster. Klop de slagroom stijf. Verdeel de jam over twee van de rechthoeken deeg. Sandwich de rechthoeken samen met de room en garneer met de overgebleven room. Serveer bestrooid met poedersuiker.

Oranje taart

Maakt een cake van 7"/18 cm

8 oz/1 kop boter of margarine, verzacht

100 g poedersuiker (superfijn)

2 eieren, licht losgeklopt

100 g zelfrijzend (zelfrijzend) meel

Een snufje zout

Geraspte schil en sap van 1 sinaasappel

8 oz/11/3 kopjes/225 g poedersuiker (banketbakker), gezeefd

Plakjes geglaceerde sinaasappels (gekonfijt) om te garneren

Klop de helft van de boter of margarine en de poedersuiker licht en luchtig. Roer geleidelijk de eieren erdoor en roer dan de bloem, het zout en de sinaasappelschil erdoor. Verdeel het mengsel in twee ingevette en beklede sandwichpannen van 7 cm/18 cm en bak in een voorverwarmde oven van 350 °F/180 °C/thermostaat 4 gedurende 25 minuten tot het stevig aanvoelt. Laten afkoelen.

Klop de resterende boter of margarine zacht en roer dan de poedersuiker en het sinaasappelsap erdoor tot een smeerbare consistentie. Sandwich de cakes met een derde van het glazuur (icing), verdeel de rest over de bovenkant en zijkanten van de cake, kerf in de patronen met een vork. Versier met schijfjes geglaceerde sinaasappels.

Sinaasappelmarmeladecake met vier lagen

Maakt een taart van 23 cm

Voor de taart:

200 ml / 7 fl oz / amper 1 kopje water

25 g boter of margarine

4 eieren, licht losgeklopt

300 g poedersuiker (superfijn)

5 ml/1 theelepel vanille-essence (extract)

300 g bloem (voor alle doeleinden)

10ml/2 theelepel bakpoeder

Een snufje zout

Voor de vulling:

30 ml/2 eetl. eetlepel bloem (voor alle doeleinden)

30 ml / 2 el maïzena (maïzena)

15 ml/1 el basterdsuiker (superfijn)

2 eieren, gescheiden

450 ml melk

5 ml/1 theelepel vanille-essence (extract)

120 ml zoete sherry

175 g sinaasappelmarmelade

120 ml slagroom (dik)

100 g zwarte bessen met pinda's, geplet

Breng voor de cake het water aan de kook met de boter of margarine. Klop de eieren en suiker tot een bleek en luchtig mengsel en blijf kloppen tot het mengsel heel licht is. Roer de vanille-essence erdoor, bestrooi met bloem, bakpoeder en zout en giet het mengsel van kokende boter en water erbij. Meng tot gecombineerd. Verdeel over twee ingevette en met bloem bestoven boterhampannen van 9 cm/23 cm en bak ze in een voorverwarmde oven van 180 °C/thermostaat 4 gedurende 25 minuten tot ze goudbruin en zacht aanvoelen. Laat 3 minuten in pannen afkoelen en stort ze dan op een rooster om af te koelen. Snijd elke cake horizontaal doormidden.

Meng voor de vulling de bloem, maïzena, suiker en eidooiers met een beetje melk tot een papje. Breng de rest van de melk aan de kook in een steelpan, giet deze bij het mengsel en klop tot een gladde massa. Doe terug in de afgespoelde pan en breng op laag vuur onder voortdurend roeren aan de kook tot het ingedikt is. Haal van het vuur en roer de vanille-essence erdoor en laat iets afkoelen. Klop de eiwitten stijf en spatel ze erdoor.

Strooi de sherry over alle vier de lagen van de cake, besmeer drie met marmelade en verdeel de room erover. Monteer de lagen samen in een sandwich met vier lagen. Klop de slagroom stijf en giet over de bovenkant van de cake. Bestrooi met pindakrokant.

Pecannoten en dadelcake

Maakt een taart van 23 cm

Voor de taart:

250 ml kokend water

2 kopjes / 1 lb / 450 g ontpitte dadels (ontpit), fijngehakt

2,5 ml/½ theelepel zuiveringszout (zuiveringszout)

8 oz/1 kop boter of magarine, verzacht

225 g poedersuiker (superfijn)

3 eieren

100 g gehakte pecannoten

5 ml/1 theelepel vanille-essence (extract)

350 g bloem (voor alle doeleinden)

10ml/2 eetl. gemalen kaneel

5ml/1 theelepel bakpoeder

Voor de kers (icing):

120 ml water

30 ml/2 el cacaopoeder (ongezoete chocolade).

10 ml/2 tl oploskoffiepoeder

100 g boter of margarine

400 g/14 oz/21/3 kopjes poedersuiker (banketbakker), gezeefd

2 oz/½ kop/50 g pecannoten, fijngehakt

Om de cake te maken, giet je kokend water over dadels en zuiveringszout en laat je het afkoelen. Klop de boter of margarine en de poedersuiker tot een licht en luchtig mengsel. Voeg geleidelijk de eieren toe en voeg vervolgens de noten, vanille-essence en dadels toe. Roer de bloem, kaneel en bakpoeder erdoor.

Verdeel over twee beboterde sandwichvormen van 9 cm/23 cm en bak in een voorverwarmde oven van 180 °C/thermostaat 4 gedurende 30 minuten tot ze zacht aanvoelen. Stort op een rooster om af te koelen.

Om het glazuur te maken, kook je water, cacao en koffie in een kleine steelpan tot er een dikke siroop ontstaat. Laten afkoelen. Klop de boter of margarine en poedersuiker tot ze zacht zijn en roer dan de siroop erdoor. Sandwich de cakes met een derde van het glazuur. Smeer de helft van het resterende glazuur op de zijkanten van de cake en druk de gehakte pecannoten erin. Verdeel het grootste deel van het resterende glazuur erover en spuit een paar rozetten glazuur.

Pruimen- en kaneelcake

Maakt een taart van 23 cm

350 g boter of margarine, verzacht

175 g poedersuiker (superfijn)

3 eieren

150 g zelfrijzend bakmeel (zelfrijzend)

5ml/1 theelepel bakpoeder

5 ml/1 theelepel. gemalen kaneel

350 g poedersuiker (voor banketbakkers), gezeefd

5 ml/1 theelepel. fijn geraspte sinaasappelschil

100 g hazelnoten, grof gemalen

300 g middelgrote pruimen, uitgelekt

Klop de helft van de boter of margarine en de poedersuiker licht en luchtig. Klop geleidelijk de eieren erdoor en roer dan de bloem, bakpoeder en kaneel erdoor. Giet in een ingevette en met bakpapier beklede vierkante vorm van 23 cm en bak in een voorverwarmde oven op 180°C/350°F/thermostaat 4 gedurende 40 minuten tot een in het midden gestoken tandenstoker er schoon uitkomt. Haal uit de vorm en laat afkoelen.

Klop de resterende boter of margarine zacht en roer dan de poedersuiker en geraspte sinaasappelschil erdoor. Snijd de cake horizontaal doormidden en beleg de twee helften met tweederde van het glazuur. Verdeel het grootste deel van het resterende glazuur over de bovenkant en zijkanten van de cake. Knijp de walnoten uit aan de zijkanten van de cake en schik de pruimen er mooi bovenop. Schik het resterende glazuur decoratief rond de bovenrand van de cake.

Pruimen taart

Maakt een taart van 25 cm

Voor de taart:

225 g boter of margarine

300 g poedersuiker (superfijn)

3 eieren, gescheiden

450 g bloem (voor alle doeleinden)

5ml/1 theelepel bakpoeder

5ml/1 theelepel zuiveringszout (zuiveringszout)

5 ml/1 theelepel. gemalen kaneel

5 ml/1 theelepel. geraspte nootmuskaat

2,5 ml/½ theelepel gemalen kruidnagel

Een snufje zout

8 fl oz / 1 kop enkele room (light)

8 oz/11/3 kopjes gekookte ontpitte pruimen (ontpit), fijngehakt

Voor de vulling:

8 fl oz / 1 kop enkele room (light)

100 g poedersuiker (superfijn)

3 eierdooiers

8 oz/11/3 kopjes gekookte ontpitte pruimen (ontpit)

30 ml/2 el geraspte sinaasappelschil

5 ml/1 theelepel vanille-essence (extract)

50 g gehakte gemengde noten

Klop voor de cake de boter of margarine en de suiker romig. Roer geleidelijk de eierdooiers erdoor en roer dan de bloem, bakpoeder,

bakpoeder, kruiden en zout erdoor. Roer de room en pruimen erdoor. Klop de eiwitten stijf en spatel ze dan door het mengsel. Verdeel over drie ingevette en met bloem bestoven boterhampannen van 10/25 cm en bak ze 25 minuten in een voorverwarmde oven van 180 °C/thermostaat 4, tot ze goed opgeblazen en zacht aanvoelen. Laten afkoelen.

Combineer alle topping-ingrediënten behalve walnoten tot ze goed gemengd zijn. Doe in een pan en kook op laag vuur tot het ingedikt is, onder voortdurend roeren. Verdeel een derde van de vulling over de bodemcake en bestrooi met een derde van de walnoten. Plaats de tweede cake erop en bedek met de helft van het resterende glazuur en de helft van de resterende noten. Plaats de laatste cake erop en verdeel de resterende glazuur en noten erover.

Regenboog Streep Cake

Maakt een cake van 7"/18 cm

Voor de taart:

100 g boter of margarine, verzacht

225 g poedersuiker (superfijn)

3 eieren, gescheiden

225 g/8 oz/2 kopjes bloem (voor alle doeleinden)

Een snufje zout

120 ml/4 fl oz/½ kopje melk, plus een beetje meer

5 ml/1 theelepel wijnsteen

2,5 ml/½ theelepel zuiveringszout (zuiveringszout)

Een paar druppels citroenessence (extract)

Een paar druppels rode kleurstof

10ml/2 eetl. cacaopoeder (ongezoete chocolade)

Voor de vulling en glazuur (icing):

8 oz/11/3 kopjes/225 g poedersuiker (banketbakker), gezeefd

2 oz/¼ kopje/50 g boter of margarine, verzacht

10 ml/2 tl warm water

5 ml/1 theelepel melk

2,5 ml/½ tl vanille-essence (extract)

Takjes gekleurde suiker om te versieren

Klop voor de cake de boter of margarine en de suiker licht en luchtig. Voeg beetje bij beetje de eidooiers toe en voeg dan afwisselend de bloem en het zout toe met de melk. Meng de room van wijnsteen en zuiveringszout met een beetje extra melk en roer dit door het mengsel. Klop de eiwitten stijf en spatel ze met een metalen lepel door het mengsel. Verdeel het mengsel in drie gelijke porties. Meng de citroenessence in de eerste kom, de rode kleurstof in de tweede kom en de cacao in de derde kom. Giet mengsels in ingevette en beklede 18cm/7cm taartvormen (vormen) en bak in voorverwarmde 350°F/180°C/thermostaat 4 oven gedurende 25 minuten tot het gestold is. ze zijn goudkleurig en voelen zacht aan. Laat 5 minuten afkoelen in de vormen en stort ze vervolgens op een rooster om verder af te koelen.

Om het glazuur te maken, doe je de poedersuiker in een kom en maak je een kuiltje in het midden. Roer geleidelijk boter of margarine, water, melk en vanille-essence erdoor tot een gladde massa. Leg de cakes op elkaar met een derde van het mengsel en verdeel de rest over de bovenkant en zijkanten van de cake, waarbij u het oppervlak ruw maakt met een vork. Bestrooi de bovenkant met gekleurde suikertakjes.

St-Honoré Cake

Maakt een taart van 25 cm

Voor het soezendeeg (deeg):

50 g ongezouten boter of margarine (gezoet)

150 ml melk

Een snufje zout

50 g bloem (voor alle doeleinden)

2 eieren, licht losgeklopt

Bladerdeeg 225g/8oz

1 eigeel

Voor de karamel:

225 g poedersuiker (superfijn)

90 ml/6 eetlepels water

Voor de garnering en decoratie:

5ml/1 theelepel gelatinepoeder

15 ml/1 el water

1 hoeveelheid Vanilla Cream Frosting

3 eiwitten

175 g poedersuiker (superfijn)

90 ml/6 eetlepels water

Smelt voor het soezendeeg (deeg) de boter met de melk en het zout op laag vuur. Breng snel aan de kook, haal dan van het vuur en roer snel de bloem erdoor en roer tot het beslag wegtrekt van de zijkanten van de pan. Laat iets afkoelen, voeg dan heel geleidelijk de eieren toe en blijf kloppen tot een gladde en glanzende massa.

Rol het bladerdeeg uit tot een cirkel van 10½/26 cm, leg op een ingevette bakplaat en prik er gaatjes in met een vork. Doe het soezendeeg in een spuitzak met een gladde spuitmond van 1 cm/½ inch (tip) en vorm een cirkel rond de rand van het bladerdeeg. Leid een tweede cirkel halverwege naar het midden. Vorm op een aparte ingevette bakplaat de rest van het soezendeeg tot kleine balletjes. Bestrijk het hele deeg met eigeel en bak in een voorverwarmde oven op 220°C/thermostaat 7 gedurende 12 minuten voor de soesjes en 20 minuten voor de bodem tot ze goudbruin en gezwollen zijn.

Om de karamel te maken, lost u de suiker op in het water en kookt u zonder te roeren ongeveer 8 minuten op 160°C/320°F tot u een lichte karamel verkrijgt. Bestrijk de buitenste ring beetje bij beetje met karamel. Doop de bovenste helft van de balletjes in de karamel en druk ze vervolgens op de buitenste deegring.

Om de vulling te maken, strooi je de gelatine over het water in een kom en laat je het luchtig worden. Zet de kom in een pan met heet water en laat het oplossen. Laat iets afkoelen en roer dan de vanillecrème erdoor. Klop de eiwitten stijf. Kook ondertussen de suiker en het water op 120°C/250°F of tot een druppel koud water een harde bal vormt. Voeg geleidelijk de eiwitten toe en blijf kloppen tot het afgekoeld is. Voeg toe aan banketbakkersroom. Giet de room in het midden van de cake en zet in de koelkast voor het opdienen.

Aardbeien-kooltaart

Maakt een taart van 23 cm

2 oz/¼ kop/50 g boter of margarine

150 ml water

75 g bloem (voor alle doeleinden)

Een snufje zout

2 eieren, licht losgeklopt

1/3 kop/2 oz/50 g poedersuiker (voor banketbakkers), gezeefd

½ tl/1¼ kopjes/300 ml dubbele (zware) room, opgeklopt

225 g aardbeien, gehalveerd

1 oz / ¼ kopje geschaafde amandelen (gehakt)

Doe de boter of margarine en het water in een pan en breng langzaam aan de kook. Haal van het vuur en roer snel de bloem en het zout erdoor. Klop geleidelijk de eieren erdoor tot het beslag glanzend is en loslaat van de zijkanten van de pan. Laat lepels van het mengsel in een cirkel op een ingevette bakplaat vallen om een ronde cake te vormen en bak in een voorverwarmde oven van 220°C/425°F/thermostaat 7 gedurende 30 minuten tot ze goudbruin zijn. Laten afkoelen. Snijd de cake horizontaal doormidden. Klop de poedersuiker door de room. Beleg de helften met room, aardbeien en amandelen.

aardbeientaart

Maakt een taart van 20 cm

1 bak(taart)appel, geschild, klokhuis verwijderd en in stukjes gesneden

25 g gedroogde vijgen, gehakt

25 g / 1 oz / 3 el rozijnen

75 g boter of margarine

2 eieren

175 g/6 oz/1½ kopje bloem (voor alle doeleinden)

5ml/1 theelepel bakpoeder

30 ml/2 eetlepels melk

8 oz/225 g aardbeien, in plakjes

225 g/8 oz/1 kopje roomkaas

Pureer appels, vijgen, rozijnen en boter of margarine tot ze licht en luchtig zijn. Klop de eieren los en roer dan de bloem, het bakpoeder en genoeg melk erdoor tot een zacht deeg. Giet in een ingevette cakevorm van 8/20 cm met losse bodem en bak in een voorverwarmde oven van 180 °C/thermostaat 4 gedurende 30 minuten tot het stevig aanvoelt. Haal uit de vorm en laat afkoelen. Snijd de cake horizontaal doormidden. Sandwich met aardbeien en roomkaas.

Honing scone ring

Maakt een ring van 20 cm/8 inch

Voor het deeg:

100 g boter of margarine

350 g zelfrijzend bakmeel (zelfrijzend)

Een snufje zout

1 ei

150 ml melk

Voor de vulling:

100 g boter of margarine, verzacht

60 ml/4 theelepels helder schat

15 ml / 1 el demerara suiker

Om het beslag te maken, wrijft u de boter of margarine door de bloem en het zout tot het mengsel op broodkruimels lijkt. Klop het ei en de melk door elkaar en roer dan genoeg van het bloemmengsel erdoor om een zacht deeg te maken. Rol uit op een licht met bloem bestoven werkvlak tot een vierkant van 30 cm.

Roer voor de vulling de boter of margarine en honing samen. Bewaar 15 ml/1 eetl. van het mengsel en verdeel de rest over het deeg. Rol op als een Swiss (jelly) roll en snijd in acht plakken. Schik de plakjes in een ingevette taartvorm van 8 inch/20 cm, zeven langs de rand en één in het midden. Verspreid met gereserveerd honingmengsel en bestrooi met suiker. Bak de scone in een voorverwarmde oven op 190°C/thermostaat 5 in 30 minuten goudbruin. Laat 10 minuten afkoelen in de vorm voordat je hem uit de vorm haalt op een rooster om af te koelen.

Muesli-sconen

Maakt 8 wiggen

100g/4oz/1 kop muesli

150 ml water

2 oz/¼ kop/50 g boter of margarine

100 g/4 oz/1 kop gewone (alle doeleinden) of volkoren (volkoren) bloem

10ml/2 theelepel bakpoeder

50 g rozijnen

1 losgeklopt ei

Week de muesli 30 minuten in water. Wrijf de boter of margarine door de bloem en het bakpoeder tot het mengsel op broodkruimels lijkt, roer dan de rozijnen en de geweekte muesli erdoor en kneed tot een zacht deeg. Vorm er een ronde van 20 cm van en druk deze plat op een ingevette bakplaat. Snijd gedeeltelijk in acht stukken en bestrijk ze met losgeklopt ei. Bak in een voorverwarmde oven op 230°C/thermostaat 8 in ongeveer 20 minuten goudbruin.

Sinaasappel Rozijnen Scones

Geef 12

2 oz/¼ kop/50 g boter of margarine

225 g/8 oz/2 kopjes bloem (voor alle doeleinden)

2,5 ml/½ theelepel zuiveringszout (zuiveringszout)

100 g rozijnen

5 ml/1 theelepel. geraspte sinaasappelschil

60 ml/4 eetlepels sinaasappelsap

60 ml/4 eetlepels melk

Melk invriezen

Wrijf boter of margarine door bloem en zuiveringszout en roer dan de rozijnen en sinaasappelschil erdoor. Werk in sinaasappelsap en melk om een zacht deeg te maken. Rol uit op een licht met bloem bestoven werkvlak tot een lap van ongeveer 2,5 cm dik en steek er rondjes uit met een koekjesvormer. Leg de scones (koekjes) op een ingevette bakplaat en bestrijk de bovenkant met melk. Bak in een voorverwarmde oven op 200°C/400°F/thermostaat 6 gedurende 15 minuten tot ze licht goudbruin zijn.

Peren scones

Geef 12

2 oz/¼ kop/50 g boter of margarine

225 g zelfrijzend bakmeel (zelfrijzend)

25 g poedersuiker (superfijn)

1 stevige peer, geschild, klokhuis verwijderd en in stukjes gesneden

150 ml pure yoghurt

30 ml/2 eetlepels melk

Wrijf de boter of margarine door de bloem. Roer de suiker en de peer erdoor, roer dan de yoghurt erdoor tot een zacht deeg, voeg eventueel een beetje melk toe. Rol uit op een licht met bloem bestoven werkvlak tot een lap van ongeveer 2,5 cm dik en steek er rondjes uit met een koekjesvormer. Leg de scones (koekjes) op een ingevette bakplaat en bak ze in een voorverwarmde oven van 230°C/450°F/thermostaat 8 gedurende 10-15 minuten, tot ze goed gerezen en goudbruin zijn.

Aardappel Scones

Geef 12

2 oz/¼ kop/50 g boter of margarine

225 g zelfrijzend bakmeel (zelfrijzend)

Een snufje zout

175 g gekookte aardappelpuree

60 ml/4 eetlepels melk

Wrijf de boter of margarine door de bloem en het zout. Roer de aardappelpuree en voldoende melk erdoor om een zacht deeg te maken. Rol uit op een licht met bloem bestoven werkvlak tot een lap van ongeveer 2,5 cm dik en steek er rondjes uit met een koekjesvormer. Leg de scones (koekjes) op een licht ingevette bakplaat en bak ze in een voorverwarmde oven van 200°C/400°F/thermostaat 6 gedurende 15-20 minuten, tot ze lichtbruin zijn.

Rozijnen Scones

Geef 12

75 g rozijnen

225 g/8 oz/2 kopjes bloem (voor alle doeleinden)

2,5 ml/½ theelepel zout

15 ml/1 el bakpoeder

25 g poedersuiker (superfijn)

2 oz/¼ kop/50 g boter of margarine

120 ml/4 fl oz/½ kopje room (light)

1 losgeklopt ei

Week de rozijnen 30 minuten in heet water en laat ze uitlekken. Combineer de droge ingrediënten en roer dan de boter of margarine erdoor. Roer de room en het ei erdoor tot een zacht deeg. Verdeel in drie ballen, rol ze uit tot ongeveer 1/2-inch dik en leg ze op een ingevette bakplaat. Snijd elk in vieren. Bak de scones (koekjes) in een voorverwarmde oven op 230°C/thermostaat 8 in ongeveer 10 minuten goudbruin.

Melasse scones

Geef 10

225 g/8 oz/2 kopjes bloem (voor alle doeleinden)

10ml/2 theelepel bakpoeder

2,5 ml/½ theelepel. gemalen kaneel

2 oz/50 g/¼ kopje boter of margarine, in blokjes

25 g poedersuiker (superfijn)

30 ml/2 eetlepels stroopmelasse (melasse)

150 ml melk

Meng bloem, bakpoeder en kaneel. Wrijf de boter of margarine erdoor en roer dan de suiker, melasse en voldoende melk erdoor om een zacht deeg te maken. Rol uit tot een dikte van ½ inch/1 cm en snijd met een koekjesvormer in rondjes van 2/5 cm. Leg de scones (koekjes) op een ingevette bakplaat en bak ze in een voorverwarmde oven op 220°C/425°F/thermostaat 7 gedurende 10-15 minuten, tot ze goed gerezen en goudbruin zijn.

Melasse Gember Scones

Geef 12

400 g bloem (voor alle doeleinden)

50 g rijstmeel

5ml/1 theelepel zuiveringszout (zuiveringszout)

2,5 ml/½ theelepel wijnsteen

10ml/2 eetl. gemalen gember

2,5 ml/½ theelepel zout

10ml/2 eetl. poedersuiker (superfijn)

2 oz/¼ kop/50 g boter of margarine

30 ml/2 eetlepels stroopmelasse (melasse)

300 ml melk

Meng de droge ingrediënten door elkaar. Wrijf boter of margarine erdoor tot het mengsel op broodkruimels lijkt. Roer de melasse en voldoende melk erdoor om een zacht maar niet plakkerig deeg te maken. Kneed voorzichtig op een licht met bloem bestoven werkvlak, rol uit en steek er rondjes uit met een koekjesvorm van 7,5 cm. Leg de scones (koekjes) op een ingevette bakplaat en bestrijk ze met de resterende melk. Bak in een voorverwarmde oven op 220°C/425°F/thermostaat 7 gedurende 15 minuten tot ze gerezen en goudbruin zijn.

Sultana Scones

Geef 12

225 g/8 oz/2 kopjes bloem (voor alle doeleinden)

Een snufje zout

2,5 ml/½ theelepel zuiveringszout (zuiveringszout)

2,5 ml/½ theelepel wijnsteen

2 oz/¼ kop/50 g boter of margarine

25 g poedersuiker (superfijn)

50g/2oz/1/3 kopje rozijnen (gouden rozijnen)

7,5 ml/½ el citroensap

150 ml melk

Meng bloem, zout, bakpoeder en room van wijnsteen. Wrijf boter of margarine erdoor tot het mengsel op broodkruimels lijkt. Roer de suiker en rozijnen erdoor. Meng het citroensap met de melk en voeg geleidelijk de droge ingrediënten toe tot er een zacht deeg ontstaat. Kneed licht, rol dan uit tot ongeveer 1 cm dik en snijd met een koekjesvormer in rondjes van 5 cm. Leg de scones (koekjes) op een ingevette bakplaat en bak ze in een voorverwarmde oven van 230°C/450°F/thermostaat 8 ongeveer 10 minuten tot ze goed gerezen en goudbruin zijn.

Volkoren Melasse Scones

Geef 12

100 g volkorenmeel (volkoren)

100 g bloem (voor alle doeleinden)

25 g poedersuiker (superfijn)

2,5 ml/½ theelepel wijnsteen

2,5 ml/½ theelepel zuiveringszout (zuiveringszout)

5 ml/1 theelepel. gemengde kruiden (appeltaart)

2 oz/¼ kop/50 g boter of margarine

30 ml/2 eetlepels stroopmelasse (melasse)

3½ fl oz/6½ theelepel/100 ml melk

Combineer de droge ingrediënten en roer dan de boter of margarine erdoor. Verwarm de melasse opnieuw en meng deze met voldoende melk door de ingrediënten om een zachte pasta te maken. Rol op een licht met bloem bestoven werkvlak uit tot een dikte van 1 cm/½ en steek er rondjes uit met een koekjesvormer. Schik de scones (koekjes) op een ingevette en met bloem bestoven bakplaat en bestrijk ze met melk. Bak in een voorverwarmde oven op 190°C/375°F/thermostaat 5 gedurende 20 minuten.

Yoghurt scones

Geef 12

200 g bloem (voor alle doeleinden)

25 g rijstmeel

10ml/2 theelepel bakpoeder

Een snufje zout

15 ml/1 el basterdsuiker (superfijn)

2 oz/¼ kop/50 g boter of margarine

150 ml pure yoghurt

Meng de bloem, bakpoeder, zout en suiker. Wrijf boter of margarine erdoor tot het mengsel op broodkruimels lijkt. Roer de yoghurt erdoor om een zacht maar niet plakkerig deeg te verkrijgen. Rol het uit op een met bloem bestoven werkvlak tot een dikte van ongeveer ¾/2 cm en snijd met een koekjesvormer in rondjes van 2/5 cm. Leg op een ingevette bakplaat en bak in een voorverwarmde oven op 200°C/400°F/thermostaat 6 in ongeveer 15 minuten gaar en goudbruin.

Kaas scones

Geef 12

225 g/8 oz/2 kopjes bloem (voor alle doeleinden)

2,5 ml/½ theelepel zout

15 ml/1 el bakpoeder

2 oz/¼ kop/50 g boter of margarine

100 g/4 oz/1 kop cheddarkaas, geraspt

150 ml melk

Meng bloem, zout en bakpoeder. Wrijf boter of margarine erdoor tot het mengsel op broodkruimels lijkt. Roer de kaas erdoor. Voeg beetje bij beetje de melk toe om een zacht deeg te krijgen. Kneed licht, rol dan uit tot ongeveer 1 cm dik en snijd met een koekjesvormer in rondjes van 5 cm. Leg de scones (koekjes) op een ingevette bakplaat en bak ze 12-15 minuten in een voorverwarmde oven van 220°C/425°F/thermostaat 7, tot ze goed gerezen en goudbruin zijn. Serveer warm of koud.

Scones van hele kruiden

Geef 12

100 g boter of margarine

175 g volkorenmeel (volkoren)

50 g bloem (voor alle doeleinden)

10ml/2 theelepel bakpoeder

30 ml/2 eetl. eetlepels gehakte verse salie of tijm

150 ml melk

Wrijf de boter of margarine door de bloem en het bakpoeder tot het mengsel op broodkruimels lijkt. Roer de kruiden erdoor en voldoende melk om een zacht deeg te maken. Kneed licht, rol dan uit tot ongeveer 1 cm dik en snijd met een koekjesvormer in 5 cm/2 rondjes. Leg de scones (koekjes) op een ingevette bakplaat en bestrijk de bovenkant met melk. Bak in een voorverwarmde oven op 220°C/425°F/thermostaat 7 gedurende 10 minuten tot ze gerezen en goudbruin zijn.

Salami en Kaas Scones

Voor 4 personen

2 oz/¼ kop/50 g boter of margarine

225 g zelfrijzend bakmeel (zelfrijzend)

Een snufje zout

50 g salami, gehakt

75 g/3 oz/¾ kopje cheddarkaas, geraspt

75 ml/5 eetlepels melk

Wrijf de boter of margarine door de bloem en zout tot het mengsel op broodkruimels lijkt. Roer de salami en kaas erdoor, voeg dan de melk toe en meng tot een zacht deeg. Vorm er een ronde van 20 cm van en druk deze iets plat. Leg de scones (koekjes) op een ingevette bakplaat en bak ze in een voorverwarmde oven op 220°C/thermostaat 7 in 15 minuten goudbruin.

Hele scones

Geef 12

175 g volkorenmeel (volkoren)

50 g bloem (voor alle doeleinden)

15 ml/1 el bakpoeder

Een snufje zout

2 oz/¼ kop/50 g boter of margarine

50 g basterdsuiker (superfijn)

150 ml melk

Meng de bloem, bakpoeder en zout door elkaar. Wrijf boter of margarine erdoor tot het mengsel op broodkruimels lijkt. Roer de suiker erdoor. Voeg beetje bij beetje de melk toe om een zacht deeg te krijgen. Kneed licht, rol dan uit tot ongeveer 1 cm dik en snijd met een koekjesvormer in rondjes van 5 cm. Leg de scones (koekjes) op een ingevette bakplaat en bak ze in een voorverwarmde oven van 230°C/450°F/thermostaat 8 ongeveer 15 minuten tot ze gerezen en goudbruin zijn. Heet opdienen.

Barbadiaanse Conkies

Geef 12

350 g pompoen, geraspt

225 g zoete aardappel, geraspt

1 grote geraspte kokosnoot of 8 oz/225 g 2 kopjes gedroogde kokosnoot (geraspt)

350 g/12 oz/1½ kopjes zachte bruine suiker

5 ml/1 theelepel. gemalen specerijen (appeltaart)

5 ml/1 theelepel. geraspte nootmuskaat

5 ml/1 theelepel zout

5 ml/1 theelepel. amandelessence (extract)

100 g rozijnen

350 g maïsmeel

100 g zelfrijzend (zelfrijzend) meel

6 oz/¾ kop/175 g boter of margarine, gesmolten

300 ml melk

Meng de pompoen, zoete aardappel en kokos. Voeg de suiker, kruiden, zout en amandelessence toe. Voeg de rozijnen, maïsmeel en bloem toe en meng goed. Meng gesmolten boter of margarine met melk en roer dit door de droge ingrediënten tot het gemengd is. Doe ongeveer 60 ml/4 el. van het mengsel in een vierkant van folie, zorg ervoor dat u niet te veel vult. Vouw de folie tot een bundel zodat deze netjes is ingepakt en er geen mengsel zichtbaar is. Herhaal met de rest van het mengsel. Stoom de conkies op een rooster boven een pan met kokend water in ongeveer 1 uur tot ze stevig en gaar zijn. Serveer warm of koud.

Gefrituurde kerstkoekjes

Geef 40

2 oz/¼ kop/50 g boter of margarine

100 g bloem (voor alle doeleinden)

2,5 ml/½ theelepel. gemalen kardemom

25 g poedersuiker (superfijn)

15ml/1 theelepel eetlepels slagroom (dik)

5 ml/1 theelepel. brandewijn

1 klein losgeklopt ei

Frituurolie

Poedersuiker (voor zoetwaren) om te bestrooien

Wrijf de boter of margarine door de bloem en kardemom tot het mengsel op broodkruimels lijkt. Roer de suiker erdoor, voeg dan de room en cognac toe en voldoende ei om een vrij stevig mengsel te maken. Dek af en laat 1 uur afkoelen.

Rol uit op een licht met bloem bestoven werkvlak tot een dikte van ¼/5 mm en snijd met een uitsteekvormpje in reepjes van 10 x 2,5 cm. Snijd met een scherp mes in het midden van elke reep een gleuf. Trek een uiteinde van de strip door de gleuf om een halve boog te maken. Bak de koekjes (koekjes) in porties in ongeveer 4 minuten in hete olie tot ze goudbruin en gezwollen zijn. Laat uitlekken op absorberend papier (papieren handdoek) en serveer bestrooid met poedersuiker.

Maïsmeel taarten

Geef 12

100 g zelfrijzend (zelfrijzend) meel

100 g maïsmeel

5ml/1 theelepel bakpoeder

15 g/½ oz/1 el poedersuiker (superfijn)

2 eieren

375 ml melk

60 ml/4 eetlepels olie

Olie voor ondiep frituren

Meng de droge ingrediënten en maak een kuiltje in het midden. Klop de eieren, melk en afgemeten olie door elkaar en roer dan door de droge ingrediënten. Verhit een beetje olie in een grote koekenpan (koekenpan) en bak hierin 60 ml/4 el. beslag totdat er bubbels bovenop verschijnen. Draai om en bruin aan de andere kant. Haal uit de pan en houd warm terwijl je verder gaat met de rest van het beslag. Heet opdienen.

beschuitbollen

Geef 8

15 g/½ oz verse gist of 20 ml/4 el. droge gist

5 ml/1 theelepel. poedersuiker (superfijn)

300 ml melk

1 ei

2¼ kopjes / 9 oz / 250 g bloem (voor alle doeleinden)

5 ml/1 theelepel zout

Smeerolie

Meng de gist en suiker met een beetje melk tot een papje en roer dan de rest van de melk en het ei erdoor. Voeg de vloeistof toe aan de bloem en het zout en meng tot een dik en romig beslag. Dek af en laat 30 minuten op een warme plaats staan tot het volume verdubbeld is. Verhit een grill- of koekenpan (koekenpan) en vet deze licht in. Plaats 7,5 cm/3 in cirkels op de bakplaat. (Als je geen bakringen hebt, snij dan voorzichtig de boven- en onderkant van een kleine pan af.) Giet kopjes van het mengsel in de ringen en bak ongeveer 5 minuten tot de onderkant hard en bruin is en de bovenkant ontpit is. Herhaal met de rest van het mengsel. Serveer gegrild.

Donuts

Geeft 16

300 ml hete melk

15 ml/1 el droge gist

175 g poedersuiker (superfijn)

450 g sterk (brood)meel

5 ml/1 theelepel zout

2 oz/¼ kop/50 g boter of margarine

1 losgeklopt ei

Frituurolie

5 ml/1 theelepel. gemalen kaneel

Meng warme melk, gist, 5 ml/1 eetl. suiker en 100 g bloem. Laat 20 minuten op een warme plaats staan tot het schuimig is. Combineer de resterende bloem, ¼ kopje / 2 oz / 50 g suiker en zout in een kom en wrijf de boter of margarine erdoor tot het mengsel op broodkruimels lijkt. Voeg ei en gistmengsel toe en kneed goed tot een gladde massa. Dek af en laat 1 uur op een warme plaats staan. Kneed opnieuw en rol uit tot een dikte van ½ inch/2 cm. Steek er rondjes uit met een koekjesvormer van 8 cm en steek de middelste uit met een koekjesvorm van 4 cm.

Leg op een ingevette bakplaat en laat 20 minuten rijzen. Verhit de olie tot deze bijna rookt en bak de donuts vervolgens enkele minuten per keer goudbruin. Laat goed uitlekken. Doe de resterende suiker en kaneel in een zak en schud de donuts in de zak tot ze goed bedekt zijn.

Aardappel beignets

Geef 24

15 ml/1 el droge gist

60 ml/4 el lauw water

25 g poedersuiker (superfijn)

25 g / 1 oz / 2 el reuzel (bakvet)

1,5 ml/¼ theelepel zout

75 g aardappelpuree

1 losgeklopt ei

120 ml gekookte melk

300 g sterk (brood)meel

Frituurolie

Kristalsuiker om te bestrooien

Los de gist op in lauwwarm water met een theelepel suiker en laat schuimen. Combineer reuzel, resterende suiker en zout. Roer de aardappel, het gistmengsel, het ei en de melk erdoor, roer dan geleidelijk de bloem erdoor en meng tot een gladde massa. Stort op een met bloem bestoven oppervlak en kneed goed. Doe in een ingevette kom, dek af met vershoudfolie (plasticfolie) en laat op een warme plaats ongeveer 1 uur staan tot het volume verdubbeld is.

Kneed nogmaals en rol uit tot een dikte van 1 cm/½. Snijd in ringen met een koekjesvormer van 8 cm en steek vervolgens het midden uit met een koekjesvorm van 4 cm om donuts te vormen. Laten rijzen tot verdubbeld in omvang. Verhit de olie en bak de donuts goudbruin. Bestrooi met suiker en laat afkoelen.

Naan brood

Geef 6

2,5 ml/½ theelepel droge gist

60 ml/4 el lauw water

350 g bloem (voor alle doeleinden)

10ml/2 theelepel bakpoeder

Een snufje zout

150 ml pure yoghurt

Gesmolten boter om mee te smeren

Meng gist en warm water en laat 10 minuten op een warme plaats schuimen. Meng het gistmengsel met de bloem, het bakpoeder en het zout en meng dit door de yoghurt tot een zacht deeg. Kneed tot het niet meer plakt. Doe in een met olie ingevette kom, dek af en laat 8 uur rijzen.

Verdeel het deeg in zes stukken en rol ze uit tot ovalen van ongeveer ¼/5 mm dik. Leg op een ingevette bakplaat en bestrijk met gesmolten boter. Grill (grill) onder een medium grill (grill) gedurende ongeveer 5 minuten tot ze een beetje gepoft zijn, draai ze dan om en bestrijk de andere kant met boter en gril nog eens 3 minuten tot ze licht goudbruin zijn.

Bannocks van havermout

Geef 4

100 g medium gerolde haver

2,5 ml/½ theelepel zout

Een snufje zuiveringszout (baking soda)

10 ml/2 theelepel olie

60 ml/4 tl heet water

Meng de droge ingrediënten in een kom en maak een kuiltje in het midden. Roer de olie en genoeg water erdoor om een stevig deeg te maken. Leg op een licht met bloem bestoven oppervlak en kneed tot een gladde massa. Rol uit tot een dikte van ongeveer ¼/5 mm, stop de randen naar binnen en snijd in partjes. Verhit een bakplaat of braadpan met dikke bodem (braadpan) en bak (sauté) de bannocks ongeveer 20 minuten tot de hoeken beginnen te krullen. Draai en bak de andere kant gedurende 6 minuten.

Inzetten

Geef 8

10ml/2tl verse gist of 5ml/1tl droge gist

5 ml/1 theelepel. poedersuiker (superfijn)

300 ml melk

1 ei

225 g/8 oz/2 kopjes bloem (voor alle doeleinden)

5 ml/1 theelepel zout

Smeerolie

Meng de gist en suiker met een beetje melk tot een papje en roer dan de rest van de melk en het ei erdoor. Voeg de vloeistof toe aan de bloem en het zout en meng tot een fijne pasta. Dek af en laat 30 minuten op een warme plaats staan tot het volume verdubbeld is. Verhit een grill- of koekenpan (koekenpan) en vet deze licht in. Giet kopjes van het mengsel op de bakplaat en bak ongeveer 3 minuten tot de onderkant goudbruin is, draai dan om en bak ongeveer 2 minuten aan de andere kant. Herhaal met de rest van het mengsel.

Makkelijk om scones te laten vallen

Geef 15

100 g zelfrijzend (zelfrijzend) meel

Een snufje zout

15 ml/1 el basterdsuiker (superfijn)

1 ei

150 ml melk

Smeerolie

Meng de bloem, het zout en de suiker en maak een kuiltje in het midden. Voeg het ei toe en werk geleidelijk het ei en de melk erdoor tot je een gladde pasta hebt. Verhit een grote koekenpan (braadpan) en vet deze licht in met olie. Als het heet is, laat je lepels beslag in de pan vallen om cirkels te vormen. Bak ongeveer 3 minuten tot de scones (koekjes) gepoft en goudbruin zijn aan de onderkant, draai ze dan om en bruin de andere kant. Serveer warm of lauw.

Esdoorn scones

Geef 30

200 g zelfrijzend bakmeel (zelfrijzend)

25 g rijstmeel

10ml/2 theelepel bakpoeder

25 g poedersuiker (superfijn)

Een snufje zout

15ml/1 theelepel ahornsiroop

1 losgeklopt ei

200 ml melk

Zonnebloemolie

2 oz/¼ kopje/50 g boter of margarine, verzacht

15 ml / 1 el fijngehakte walnoten

Meng de bloem, bakpoeder, suiker en zout en maak een kuiltje in het midden. Voeg ahornsiroop, ei en de helft van de melk toe en klop tot een gladde massa. Roer de rest van de melk erdoor tot een dikke pasta. Verhit een beetje olie in een koekenpan (koekenpan) en giet de overtollige olie erbij. Schep lepels beslag in de pan en bak (sauté) tot de onderkant goudbruin is. Draai en bak de andere kanten. Haal uit de pan en houd warm terwijl je de overige scones (koekjes) bakt. Pureer boter of margarine met noten en top warme scones met gearomatiseerde boter om te serveren.

Gegrilde Kaas Scones

Geef 12

25 g/1 oz/2 eetl. eetlepels boter of margarine, verzacht

100 g kwark

5 ml/1 theelepel. gehakte verse bieslook

2 losgeklopte eieren

1½ oz/40 g/1/3 kopje bloem (voor alle doeleinden)

15 g/½ oz/2 eetlepels rijstmeel

5ml/1 theelepel bakpoeder

15 ml/1 el melk

Smeerolie

Meng alle ingrediënten behalve de olie tot een dikke pasta. Verhit een beetje olie in een koekenpan (braadpan) en giet het teveel af. Bak (sauté) lepels van het mengsel tot de onderkant goudbruin is. Draai de scones (koekjes) om en bak de andere kant. Haal uit de pan en houd warm terwijl je de overige scones bakt

Scotch Speciale Pannenkoeken

Geef 12

100 g bloem (voor alle doeleinden)

10ml/2 eetl. poedersuiker (superfijn)

5 ml/1 theelepel wijnsteen

2,5 ml/½ theelepel zout

2,5 ml/½ theelepel zuiveringszout (zuiveringszout)

1 ei

5 ml/1 theelepel. golden syrup (lichte mais)

120 ml hete melk

Smeerolie

Meng de droge ingrediënten en maak een kuiltje in het midden. Klop het ei los met de siroop en de melk en meng met het bloemmengsel tot een heel dik beslag. Dek af en laat ongeveer 15 minuten staan tot het mengsel bubbelt. Verhit een grote bakplaat of koekenpan met dikke bodem (koekenpan) en vet deze licht in. Laat kleine lepels van het beslag op de bakplaat vallen en bak de ene kant ongeveer 3 minuten tot de onderkant goudbruin is, draai dan om en bak de andere kant ongeveer 2 minuten. Wikkel de pannenkoeken in een warme theedoek (torchon) terwijl je de rest van het beslag bakt. Serveer gekoeld en beboterd, gegrild of gebakken (gebakken).

Schotse pannenkoeken met fruit

Geef 12

100 g bloem (voor alle doeleinden)

10ml/2 eetl. poedersuiker (superfijn)

5 ml/1 theelepel wijnsteen

2,5 ml/½ theelepel zout

2,5 ml/½ theelepel zuiveringszout (zuiveringszout)

100 g rozijnen

1 ei

5 ml/1 theelepel. golden syrup (lichte mais)

120 ml hete melk

Smeerolie

Combineer de droge ingrediënten en rozijnen en maak een kuiltje in het midden. Klop het ei los met de siroop en de melk en meng met het bloemmengsel tot een heel dik beslag. Dek af en laat ongeveer 15 minuten staan tot het mengsel bubbelt. Verhit een grote bakplaat of koekenpan met dikke bodem (koekenpan) en vet deze licht in. Laat kleine lepels van het beslag op de bakplaat vallen en bak de ene kant ongeveer 3 minuten tot de onderkant goudbruin is, draai dan om en bak de andere kant ongeveer 2 minuten. Wikkel de pannenkoeken in een warme theedoek (torchon) terwijl je de rest bakt. Serveer gekoeld en beboterd, gegrild of gebakken (gebakken).

Schotse pannenkoeken met sinaasappel

Geef 12

100 g bloem (voor alle doeleinden)

10ml/2 eetl. poedersuiker (superfijn)

5 ml/1 theelepel wijnsteen

2,5 ml/½ theelepel zout

2,5 ml/½ theelepel zuiveringszout (zuiveringszout)

10ml/2 eetl. geraspte sinaasappelschil

1 ei

5 ml/1 theelepel. golden syrup (lichte mais)

120 ml hete melk

Enkele druppels sinaasappelessence (extract)

Smeerolie

Meng de droge ingrediënten en de sinaasappelschil en maak een kuiltje in het midden. Klop het ei los met de siroop, melk en sinaasappelessence en meng met het bloemmengsel tot een zeer dik beslag ontstaat. Dek af en laat ongeveer 15 minuten staan tot het mengsel bubbelt. Verhit een grote bakplaat of koekenpan met dikke bodem (koekenpan) en vet deze licht in. Laat kleine lepels van het beslag op de bakplaat vallen en bak de ene kant ongeveer 3 minuten tot de onderkant goudbruin is, draai dan om en bak de andere kant ongeveer 2 minuten. Wikkel de pannenkoeken in een warme theedoek (torchon) terwijl je de rest bakt. Serveer gekoeld en beboterd, gegrild of gebakken (gebakken).

Zing de Hinny

Geef 12

225 g/8 oz/2 kopjes bloem (voor alle doeleinden)

2,5 ml/½ theelepel zout

2,5 ml/½ theelepel bakpoeder

50 g reuzel (bakvet)

2 oz/¼ kop/50 g boter of margarine

100 g krenten

120 ml melk

Smeerolie

Combineer de droge ingrediënten en roer er reuzel en boter of margarine door tot het mengsel op broodkruimels lijkt. Roer de krenten erdoor en maak een kuiltje in het midden. Meng voldoende melk om een stevig deeg te maken. Rol op een licht met bloem bestoven werkvlak uit tot een lap van ongeveer 1 cm dik en prik gaatjes in de bovenkant met een vork. Verhit een bakplaat of koekenpan met dikke bodem en vet deze licht in. Bak de cake ongeveer 5 minuten tot de onderkant goudbruin is, draai hem dan om en bak de andere kant ongeveer 4 minuten. Serveer gespleten en beboterd.

Welse taarten

Voor 4 personen

225 g/8 oz/2 kopjes bloem (voor alle doeleinden)

5ml/1 theelepel bakpoeder

2,5 ml/½ theelepel. gemalen specerijen (appeltaart)

2 oz/¼ kop/50 g boter of margarine

50 g reuzel (bakvet)

75 g poedersuiker (superfijn)

50 g krenten

1 losgeklopt ei

30-45 ml/2-3 eetlepels melk

Meng bloem, bakpoeder en gemengde kruiden in een kom. Wrijf boter of margarine en reuzel erdoor tot het mengsel op broodkruimels lijkt. Roer de suiker en krenten erdoor. Roer het ei en voldoende melk erdoor om een stevig deeg te maken. Rol uit op een met bloem bestoven bord tot een dikte van ¼/5 mm en snijd in rondjes van 3/7,5 cm. Bak op een ingevette bakplaat ongeveer 4 minuten aan elke kant tot ze goudbruin zijn.

Welse pannenkoeken

Geef 12

175 g/6 oz/1½ kopje bloem (voor alle doeleinden)

2,5 ml/½ theelepel wijnsteen

2,5 ml/½ theelepel zuiveringszout (zuiveringszout)

50 g basterdsuiker (superfijn)

25 g boter of margarine

1 losgeklopt ei

120 ml melk

2,5 ml/½ theelepel azijn

Smeerolie

Meng de droge ingrediënten en voeg de suiker toe. Smeer in met boter of margarine en maak een kuiltje in het midden. Meng het ei en net genoeg melk om een fijne pasta te maken. Roer de azijn erdoor. Verhit een bakplaat of koekenpan met dikke bodem en vet deze licht in. Schep grote lepels beslag in de pan en bak (sauté) ongeveer 3 minuten tot de onderkant goudbruin is. Draai en bak de andere kant ongeveer 2 minuten. Serveer warm en beboterd.

Mexicaans Kruidig Maïsbrood

Maakt 8 rollen

225 g zelfrijzend bakmeel (zelfrijzend)

5ml/1 theelepel chilipoeder

2,5 ml/½ theelepel zuiveringszout (zuiveringszout)

200 g/7 oz/1 klein blikje geroomde suikermaïs (maïs)

15 ml/1 el currypasta

8 fl oz/1 kop yoghurt

Olie voor ondiep frituren

Combineer bloem, chilipoeder en bakpoeder. Voeg de rest van de ingrediënten behalve de olie toe en meng tot een zacht deeg. Leg op een licht met bloem bestoven oppervlak en kneed voorzichtig tot een gladde massa. Snijd in acht stukken en klop elk in een ronde van 13 cm. Verhit de olie in een braadpan met dikke bodem (koekenpan) en bak (sauté) de maisbrood 2 minuten aan elke kant tot ze goudbruin en licht gepoft zijn.

Zweeds platbrood

Geef 4

225 g volkorenmeel (volkoren)

225 g/8 oz/2 kopjes rogge- of gerstemeel

5 ml/1 theelepel zout

Ongeveer 250 ml lauw water

Smeerolie

Meng het meel en het zout in een kom en kneed het beetje bij beetje door het water tot je een stevig deeg verkrijgt. Afhankelijk van het meel dat je gebruikt, heb je misschien wat meer of minder water nodig. Klop goed tot het mengsel de zijkanten van de kom verlaat, stort het dan op een licht met bloem bestoven oppervlak en kneed het 5 minuten. Verdeel het deeg in vieren en rol het dun uit over 20 cm/8 in cirkels. Verhit een bakplaat of grote koekenpan (braadpan) en vet deze licht in met olie. Bak (sauté) een of twee broden per keer gedurende ongeveer 15 minuten aan elke kant tot ze goudbruin zijn.

Roggebrood en gestoomde suikermaïs

Maakt een brood van 23 cm

175 g/6 oz/1½ kopjes roggemeel

175 g volkorenmeel (volkoren)

100 g gerolde haver

10ml/2 tl zuiveringszout (baking soda)

5 ml/1 theelepel zout

450 ml melk

175 g / 6 oz / ½ kopje stroopmelasse (melasse)

10 ml/2 tl citroensap

Combineer meel, haver, bakpoeder en zout. Verwarm melk, melasse en citroensap tot lauwwarm en roer dan door de droge ingrediënten. Giet in een ingevette puddingvorm van 23 cm en dek af met gekreukt aluminiumfolie. Doe in een grote pan en vul de pan tot halverwege met heet water. Dek af en laat 3 uur koken, indien nodig aanvullen met kokend water. Laat een nacht staan alvorens te serveren.

Gestoomd Suikermaïsbrood

Maakt twee broden van 450 g

175 g/6 oz/1½ kopje bloem (voor alle doeleinden)

225 g maïsmeel

15 ml/1 el bakpoeder

Een snufje zout

3 eieren

45 ml/3 eetlepels olie

150 ml melk

300 g ingeblikte suikermaïs (maïs), uitgelekt en gepureerd

Meng bloem, maïsmeel, bakpoeder en zout. Klop de eieren, olie en melk door elkaar en roer dan samen met de suikermaïs door de droge ingrediënten. Giet in twee ingevette broodpannen van 450 g/1 lb en plaats in een grote pan gevuld met voldoende kokend water om tot halverwege de zijkanten van de vormen te komen. Dek af en laat 2 uur sudderen, voeg indien nodig meer kokend water toe. Laat afkoelen in pannen voordat u ze uit de vorm haalt en aansnijdt.

Volledige Chapati's

Geef 12

225 g volkorenmeel (volkoren)

5 ml/1 theelepel zout

150 ml water

Meng de bloem en het zout in een kom en kneed het dan beetje bij beetje door het water tot je een stevig deeg verkrijgt. Verdeel in 12 en rol dun uit op een met bloem bestoven werkvlak. Vet een koekenpan met dikke bodem of bakplaat in en bak (sauté) een paar chapati's per keer op matig vuur tot ze aan de onderkant goudbruin zijn. Draai en bak de andere kant tot ze lichtbruin zijn. Houd de chapati's warm terwijl je de rest bakt. Serveer desgewenst aan één kant beboterd.

Puris Compleet

Geef 8

100 g volkorenmeel (volkoren)

100 g bloem (voor alle doeleinden)

2,5 ml/½ theelepel zout

25 g/1 oz/2 eetl. eetlepel boter of margarine, gesmolten

150 ml water

Frituurolie

Meng de bloem en het zout en maak een kuiltje in het midden. Giet er boter of margarine in. Voeg geleidelijk het water toe, meng tot je een stevig deeg krijgt. Kneed 5 tot 10 minuten, dek af met een vochtige doek en laat 15 minuten rusten.

Verdeel het deeg in achtsten en rol elk in een dunne ronde van 13 cm. Verhit de olie in een grote koekenpan met zware bodem (braadpan) en bak de puri's één of twee tegelijk tot ze gezwollen en krokant en goudbruin zijn. Laat uitlekken op absorberend papier (papieren handdoek).

Amandel koekjes

Geef 24

100 g boter of margarine, verzacht

50 g basterdsuiker (superfijn)

100 g zelfrijzend (zelfrijzend) meel

25 g gemalen amandelen

Enkele druppels amandelessence (extract)

Klop de boter of margarine en de suiker tot een licht en luchtig geheel. Meng de bloem, gemalen amandelen en amandelessence tot een stevig mengsel. Vorm grote balletjes ter grootte van een walnoot en leg ze goed uit elkaar op een ingevette bakplaat en druk ze lichtjes aan met een vork om ze plat te drukken. Bak de koekjes in een voorverwarmde oven op 180°C/thermostaat 4 in 15 minuten goudbruin.

Amandel krullen

Geef 30

100 g geschaafde amandelen (fijngehakt)

100 g boter of margarine

100 g poedersuiker (superfijn)

30 ml/2 eetlepels melk

15-30 ml/1-2 el bloem (voor alle doeleinden)

Doe de amandelen, boter of margarine, suiker en melk in een steelpan met 15 ml/1 eetlepel bloem. Verwarm zachtjes, al roerend, tot het gemengd is, voeg indien nodig de resterende bloem toe om het mengsel bij elkaar te houden. Leg goed verdeelde lepels op een ingevette en met bloem bestoven bakplaat en bak in een voorverwarmde oven van 350°F/180°C/thermostaat 4 gedurende 8 minuten, tot ze goudbruin zijn. Laat ongeveer 30 seconden afkoelen op de bakplaat en vorm ze dan in lussen rond het handvat van een houten lepel. Als ze te koud worden om te vormen, plaats ze dan een paar seconden in de oven om ze op te warmen voordat je de rest vormt.

Amandel Ringen

Geef 24

100 g boter of margarine, verzacht

100 g poedersuiker (superfijn)

1 ei, gescheiden

225 g/8 oz/2 kopjes bloem (voor alle doeleinden)

5ml/1 theelepel bakpoeder

5 ml/1 theelepel. geraspte citroenschil

50 g geschaafde amandelen (fijngehakt)

Poedersuiker (superfijn) om te bestrooien

Klop de boter of margarine en de suiker tot een licht en luchtig geheel. Roer geleidelijk de eidooier erdoor, roer dan de bloem, het bakpoeder en de citroenschil erdoor en werk af met je handen tot het mengsel een samenhangend geheel vormt. Rol het uit tot een dikte van 5 mm en snijd met een koekjesvormer in rondjes van 2¼/6 cm, en steek het midden uit met een koekjesvorm van 2 cm. Leg de koekjes goed uit elkaar op een ingevette bakplaat en prik er gaatjes in met een vork. Bak in een voorverwarmde oven op 180°C/350°F/thermostaat 4 gedurende 10 minuten. Bestrijk ze met eiwit, bestrooi ze met amandelen en suiker en zet ze terug in de oven voor nog eens 5 minuten tot ze goudbruin zijn.

Mediterrane Amandelcrackers

Geef 24

2 eieren, gescheiden

175 g poedersuiker (voor banketbakkers), gezeefd

10ml/2 theelepel bakpoeder

Geraspte schil van ½ citroen

Enkele druppels vanille-essence (extract)

400 g gemalen amandelen

Klop de dooiers en een eiwit met de suiker bleek en luchtig. Voeg alle overige ingrediënten toe en kneed tot een stevig deeg. Rol balletjes ter grootte van een walnoot en leg ze op een ingevette bakplaat (koekje), druk ze zachtjes aan om ze plat te maken. Bak in een voorverwarmde oven op 180°C/350°F/thermostaat 4 gedurende 15 minuten tot ze goudbruin en knapperig zijn aan de oppervlakte.

Amandel- en chocoladekoekjes

Geef 24

2 oz/¼ kopje/50 g boter of margarine, verzacht

75 g poedersuiker (superfijn)

1 klein losgeklopt ei

100 g bloem (voor alle doeleinden)

2,5 ml/½ theelepel bakpoeder

25 g gemalen amandelen

25 g pure (halfzoete) chocolade, geraspt

Klop de boter of margarine en de suiker tot een licht en luchtig geheel. Voeg geleidelijk het ei toe en vervolgens de rest van de ingrediënten om een vrij stevig deeg te verkrijgen. Als het mengsel te nat is, voeg dan wat meer bloem toe. Wikkel in vershoudfolie (plastic folie) en leg 30 minuten in de koelkast.

> **Rol het deeg uit tot een cilindervorm en snijd in plakken van 1 cm. Plaats, goed uit elkaar, op een ingevette bakplaat en bak in een voorverwarmde oven op 190°C/375°F/thermostaat 5 gedurende 10 minuten.**

Amish fruit- en notenkoekjes

Geef 24

100 g boter of margarine, verzacht

175 g poedersuiker (superfijn)

1 ei

75 ml/5 eetlepels melk

75 g/3 oz/¼ kopje stroopmelasse (melasse)

2¼ kopjes / 9 oz / 250 g bloem (voor alle doeleinden)

10ml/2 theelepel bakpoeder

15ml/1 theelepel gemalen kaneel

10ml/2 tl zuiveringszout (baking soda)

2,5 ml/½ theelepel geraspte nootmuskaat

50 g medium gerolde haver

50 g rozijnen

25 g gehakte gemengde noten

Klop de boter of margarine en de suiker tot een licht en luchtig geheel. Voeg geleidelijk het ei toe, daarna de melk en de melasse. Voeg de rest van de ingrediënten toe en kneed tot een stevig deeg. Voeg wat meer melk toe als het mengsel te stevig is om mee te werken, of wat meer bloem als het te plakkerig is; de textuur zal variëren afhankelijk van het meel dat je gebruikt. Rol het deeg uit tot een dikte van ongeveer 5 mm/¼ en steek er rondjes uit met een koekjesvormer. Leg op een ingevette bakplaat (koekje) en bak in een voorverwarmde oven op 180°C/thermostaat 4 in 10 minuten goudbruin.

Anijs koekjes

Geeft 16

175 g poedersuiker (superfijn)

2 eiwitten

1 ei

100 g bloem (voor alle doeleinden)

5 ml/1 theelepel. gemalen anijs

Klop suiker, eiwit en ei gedurende 10 minuten. Voeg geleidelijk de bloem toe en voeg de anijs toe. Giet het mengsel in een cakevorm van 450 g/1 lb en bak in een voorverwarmde oven op 180°C/350°F/thermostaat 4 gedurende 35 minuten tot een in het midden gestoken tandenstoker er schoon uitkomt. Haal uit de pan en snijd in plakjes van 1 cm/½ inch. Leg de koekjes op hun kant op een ingevette bakplaat en zet ze nog eens 10 minuten in de oven, halverwege omdraaien.

Banaan, havermout en jus d'orange koekjes

Geef 24

100 g boter of margarine, verzacht

100 g rijpe bananen, gepureerd

120 ml sinaasappelsap

4 eiwitten licht opgeklopt

10ml/2 eetl. vanille-essence (extract)

5 ml/1 theelepel. fijn geraspte sinaasappelschil

225 g gerolde haver

225 g/8 oz/2 kopjes bloem (voor alle doeleinden)

5ml/1 theelepel zuiveringszout (zuiveringszout)

5 ml/1 theelepel. geraspte nootmuskaat

Een snufje zout

Klop de boter of margarine zacht en roer dan de bananen en het sinaasappelsap erdoor. Combineer eiwitten, vanille-essence en sinaasappelschil en spatel ze door het bananenmengsel, gevolgd door de overige ingrediënten. Laat lepels op bakplaten (koekjes) vallen en bak ze in een voorverwarmde oven van 180°C/350°F/thermostaat 4 gedurende 20 minuten tot ze goudbruin zijn.

Basis cookies

Geef 40

100 g boter of margarine, verzacht

100 g poedersuiker (superfijn)

1 losgeklopt ei

5 ml/1 theelepel vanille-essence (extract)

225 g/8 oz/2 kopjes bloem (voor alle doeleinden)

Klop de boter of margarine en de suiker tot een licht en luchtig geheel. Voeg geleidelijk het ei en de vanille-essence toe, voeg dan de bloem toe en kneed tot een glad deeg. Rol tot een bal, wikkel in vershoudfolie en leg 1 uur in de koelkast.

Rol het deeg uit tot een dikte van 5 mm/¼ en steek er cirkels uit met een koekjesvormer. Leg op een ingevette bakplaat en bak in een voorverwarmde oven op 200°C/400°F/thermostaat 6 in 10 minuten goudbruin. Laat 5 minuten afkoelen op de bakplaat voordat je ze op een rooster legt om af te koelen.

Knapperige zemelenkoekjes

Geeft 16

100 g volkorenmeel (volkoren)

100 g/4 oz/½ kopje zachte bruine suiker

25 g gerolde haver

25 g zemelen

5ml/1 theelepel zuiveringszout (zuiveringszout)

5 ml/1 theelepel. gemalen gember

100 g boter of margarine

15ml/1 theelepel eetlepel golden syrup (lichte mais)

15 ml/1 el melk

Meng de droge ingrediënten door elkaar. Smelt de boter met de siroop en de melk en meng met de droge ingrediënten tot een stevige pasta. Schep lepels van het koekjesmengsel op een ingevette bakplaat en bak in een voorverwarmde oven van 160°C/325°F/thermostaat 3 in 15 minuten goudbruin.

Koekjes met sesamzemelen

Geef 12

225 g volkorenmeel (volkoren)

5ml/1 theelepel bakpoeder

25 g zemelen

Een snufje zout

2 oz/¼ kop/50 g boter of margarine

45 ml/3 eetl. zachte bruine suiker

45 ml/3 eetl. eetlepels rozijnen (goudrozijnen)

1 ei, licht losgeklopt

120 ml melk

45 ml/3 el sesamzaadjes

Meng bloem, bakpoeder, zemelen en zout en roer de boter of margarine erdoor tot het mengsel op broodkruimels lijkt. Roer de suiker en rozijnen erdoor, roer dan het ei en genoeg melk erdoor om een zacht maar niet plakkerig deeg te maken. Rol uit tot een dikte van 1 cm/½ en steek er met een koekjessnijder rondjes uit. Leg ze op een ingevette bakplaat, bestrijk met melk en bestrooi met sesamzaadjes. Bak in een voorverwarmde oven op 220°C/425°F/thermostaat 7 gedurende 10 minuten tot ze goudbruin zijn.

Brandewijnkoekjes met karwij

Geef 30

25 g/1 oz/2 eetl. eetlepels boter of margarine, verzacht

75 g zachte bruine suiker

½ ei

10ml/2 eetl. brandewijn

175 g/6 oz/1½ kopje bloem (voor alle doeleinden)

10ml/2 eetl. karwij zaden

5ml/1 theelepel bakpoeder

Een snufje zout

Klop de boter of margarine en de suiker tot een licht en luchtig geheel. Voeg geleidelijk het ei en de cognac toe, voeg dan de rest van de ingrediënten toe en meng tot een stijve pasta. Wikkel in vershoudfolie (plastic folie) en leg 30 minuten in de koelkast.

Rol het deeg uit op een licht met bloem bestoven oppervlak tot een dikte van ongeveer 3 mm/1/8 inch en snijd het in rondjes met een koekjesvormer. Leg de koekjes op een ingevette bakplaat en bak ze 10 minuten in de voorverwarmde oven op 200°C/400°F/thermostaat 6.

Brandewijn Snaps

Geef 30

100 g boter of margarine

100 g golden syrup (lichte mais)

100g/4oz/½ kopje demerara suiker

100 g bloem (voor alle doeleinden)

5 ml/1 theelepel. gemalen gember

5 ml/1 theelepel citroensap

Smelt de boter of margarine, siroop en suiker in een pannetje. Laat iets afkoelen, roer dan de bloem en de gember erdoor en vervolgens het citroensap. Laat theelepels van het mengsel met een tussenruimte van 10 cm op ingevette bakplaten vallen en bak in een voorverwarmde oven van 180 °C/thermostaat 4 gedurende 8 minuten tot ze goudbruin zijn. Laat een minuut afkoelen, haal dan met een plakje van de bakplaat en rol rond het ingevette handvat van een houten lepel. Verwijder het handvat van de lepel en laat afkoelen op een rooster. Als de snaps te hard worden voordat je ze vormt, leg ze dan nog een minuut in de oven om ze op te warmen en zachter te maken.

Boterkoekjes

Geef 24

100 g boter of margarine, verzacht

50 g basterdsuiker (superfijn)

Geraspte schil van 1 citroen

150 g zelfrijzend bakmeel (zelfrijzend)

Klop de boter of margarine en de suiker tot een licht en luchtig geheel. Werk de citroenschil erdoor en roer dan de bloem erdoor tot een stevig mengsel. Vorm grote balletjes ter grootte van een walnoot en leg ze goed uit elkaar op een ingevette bakplaat en druk ze lichtjes aan met een vork om ze plat te drukken. Bak de koekjes in een voorverwarmde oven op 180°C/thermostaat 4 in 15 minuten goudbruin.

Butterscotch-koekjes

Geef 40

100 g boter of margarine, verzacht

100 g/4 oz/½ kopje zachte donkerbruine suiker

1 losgeklopt ei

1,5 ml/¼ theelepel vanille-essence (extract)

225 g/8 oz/2 kopjes bloem (voor alle doeleinden)

7,5 ml/1½ theelepel. bakpoeder

Een snufje zout

Klop de boter of margarine en de suiker tot een licht en luchtig geheel. Voeg geleidelijk het ei en de vanille-essence toe. Meng bloem, bakpoeder en zout. Vorm drie rollen van het deeg met een diameter van ongeveer 5 cm, wikkel ze in huishoudfolie (plastic folie) en leg ze 4 uur of een nacht in de koelkast.

Snijd in plakjes van 1/8/3 mm dik en leg ze op niet-ingevette bakplaten. Bak de koekjes in een voorverwarmde oven op 190°C/thermostaat 5 gedurende 10 minuten tot ze licht goudbruin zijn.

Karamel koekjes

Geef 30

2 oz/¼ kopje/50 g boter of margarine, verzacht

50 g reuzel (bakvet)

225 g/8 oz/1 kopje zachte bruine suiker

1 ei, licht losgeklopt

175 g/6 oz/1½ kopje bloem (voor alle doeleinden)

1,5 ml/¼ theelepel zuiveringszout (zuiveringszout)

1,5 ml/¼ theelepel crème van wijnsteen

Een snufje geraspte nootmuskaat

10 ml/2 theelepel water

2,5 ml/½ tl vanille-essence (extract)

Roer de boter of margarine, reuzel en suiker tot een licht en luchtig geheel. Voeg geleidelijk het ei toe. Roer de bloem, bakpoeder, wijnsteen en nootmuskaat erdoor, voeg dan het water en de vanille-essence toe en meng tot een zacht deeg. Rol tot een worstvorm, wikkel in vershoudfolie (plastic folie) en laat minimaal 30 minuten, liefst langer, in de koelkast opstijven.

Snijd het deeg in plakken van ½/1 cm en leg ze op een ingevette bakplaat. Bak de koekjes in een voorverwarmde oven op 180°C/thermostaat 4 in 10 minuten goudbruin.

Wortel- en notenkoekjes

Geeft 48

6 oz/¾ kop/175 g boter of margarine, verzacht

100 g/4 oz/½ kopje zachte bruine suiker

50 g basterdsuiker (superfijn)

1 ei, licht losgeklopt

225 g/8 oz/2 kopjes bloem (voor alle doeleinden)

5ml/1 theelepel bakpoeder

2,5 ml/½ theelepel zout

100 g gepureerde gekookte wortelen

100 g walnoten, gehakt

Klop de boter of margarine en de suikers tot een licht en luchtig geheel. Roer geleidelijk het ei erdoor en roer dan de bloem, het bakpoeder en het zout erdoor. Roer de wortelpuree en walnoten erdoor. Schep kleine lepels op een ingevette bakplaat en bak 10 minuten in een voorverwarmde oven van 200°C/400°F/thermostaat 6.

Oranje Geglazuurde Wortel Walnoot Koekjes

Geeft 48

Voor cookies (cookies):

6 oz/¾ kop/175 g boter of margarine, verzacht

100 g poedersuiker (superfijn)

50 g zachte bruine suiker

1 ei, licht losgeklopt

225 g/8 oz/2 kopjes bloem (voor alle doeleinden)

5ml/1 theelepel bakpoeder

2,5 ml/½ theelepel zout

5 ml/1 theelepel vanille-essence (extract)

100 g gepureerde gekookte wortelen

100 g walnoten, gehakt

Voor de kers (icing):

175 g poedersuiker (voor banketbakkers), gezeefd

10ml/2 eetl. geraspte sinaasappelschil

30 ml/2 eetlepels sinaasappelsap

Om koekjes, roomboter of margarine en suikers samen licht en luchtig te maken. Roer geleidelijk het ei erdoor en roer dan de bloem, het bakpoeder en het zout erdoor. Voeg de vanille-essence, de wortelpuree en de walnoten toe. Schep kleine lepels op een ingevette bakplaat en bak 10 minuten in een voorverwarmde oven van 200°C/400°F/thermostaat 6.

Doe voor het glazuur de poedersuiker in een kom, roer de sinaasappelschil erdoor en maak een kuiltje in het midden. Voeg geleidelijk het sinaasappelsap toe tot je een romig maar vrij dik glazuur krijgt. Verdeel over de nog warme koekjes, laat afkoelen en opstijven.

Kersenkoekjes

Geeft 48

100 g boter of margarine, verzacht

100 g poedersuiker (superfijn)

1 losgeklopt ei

5 ml/1 theelepel vanille-essence (extract)

225 g/8 oz/2 kopjes bloem (voor alle doeleinden)

2 oz/50 g/¼ kopje geglaceerde kersen (gekonfijt), gehakt

Klop de boter of margarine en de suiker tot een licht en luchtig geheel. Voeg geleidelijk het ei en de vanille-essence toe, voeg dan de bloem en de kersen toe en kneed tot een glad deeg. Rol tot een bal, wikkel in vershoudfolie en leg 1 uur in de koelkast.

Rol het deeg uit tot een dikte van 5 mm/¼ en steek er cirkels uit met een koekjesvormer. Leg op een ingevette bakplaat en bak in een voorverwarmde oven op 200°C/400°F/thermostaat 6 in 10 minuten goudbruin. Laat 5 minuten afkoelen op de bakplaat voordat je ze op een rooster legt om af te koelen.

Kersen- en amandelringen

Geef 24

100 g boter of margarine, verzacht

100 g basterdsuiker (superfijn), plus extra om te bestuiven

1 ei, gescheiden

225 g/8 oz/2 kopjes bloem (voor alle doeleinden)

5ml/1 theelepel bakpoeder

5 ml/1 theelepel. geraspte citroenschil

60 ml/4 theelepels eetlepels geglaceerde kersen (gekonfijt)

50 g geschaafde amandelen (fijngehakt)

Klop de boter of margarine en de suiker tot een licht en luchtig geheel. Klop geleidelijk de eidooier erdoor, roer dan de bloem, het bakpoeder, de citroenschil en de kersen erdoor en werk met je handen af tot het mengsel een samenhangend geheel vormt. Rol uit tot een dikte van ¼/5 mm en snijd met een koekjesvormer in rondjes van 2¼/6 cm, en steek vervolgens het midden uit met een koekjesvorm van ¾/2 cm. Leg de koekjes goed uit elkaar op een ingevette bakplaat en prik er gaatjes in met een vork. Bak in een voorverwarmde oven op 180°C/350°F/thermostaat 4 gedurende 10 minuten. Bestrijk ze met eiwit en bestrooi ze met amandelen en suiker, en zet ze dan terug in de oven voor nog eens 5 minuten tot ze goudbruin zijn.

Chocolade boterkoekjes

Geef 24

100 g boter of margarine

50 g basterdsuiker (superfijn)

100 g zelfrijzend (zelfrijzend) meel

30 ml/2 el cacaopoeder (ongezoete chocolade).

Klop de boter of margarine en de suiker tot een licht en luchtig geheel. Kneed de bloem en cacao tot een stevig mengsel. Vorm grote balletjes ter grootte van een walnoot en leg ze goed uit elkaar op een ingevette bakplaat en druk ze lichtjes aan met een vork om ze plat te drukken. Bak de koekjes in een voorverwarmde oven op 180°C/thermostaat 4 in 15 minuten goudbruin.

Chocolade en kersenbroodjes

Geef 24

100 g boter of margarine, verzacht

100 g poedersuiker (superfijn)

1 ei

2,5 ml/½ tl vanille-essence (extract)

225 g/8 oz/2 kopjes bloem (voor alle doeleinden)

5ml/1 theelepel bakpoeder

Een snufje zout

25 g cacaopoeder (ongezoete chocolade).

25 g/1 oz/2 eetl. eetlepels geglaceerde kersen (gekonfijt), gehakt

Klop boter en suiker samen tot licht en luchtig. Klop geleidelijk het ei en de vanille-essence erdoor en roer dan de bloem, het bakpoeder en het zout erdoor tot een stevig deeg. Verdeel het deeg in tweeën en meng de cacao in de ene helft en de kersen in de andere helft. Wikkel in vershoudfolie (plastic folie) en leg 30 minuten in de koelkast.

Rol elk stuk deeg uit tot een rechthoek van ongeveer 1/8/3 mm dik, leg ze op elkaar en druk ze voorzichtig aan met de deegroller. Rol de lange kant op en druk zachtjes aan. Snijd in plakken van 1/2 cm dik en leg ze, goed verdeeld, op een ingevette bakplaat. Bak in een voorverwarmde oven op 200°C/400°F/thermostaat 6 gedurende 10 minuten.

Chocolade koekjes

Geef 24

75 g boter of margarine

175 g/6 oz/1½ kopje bloem (voor alle doeleinden)

5ml/1 theelepel bakpoeder

Een snufje zuiveringszout (baking soda)

50 g zachte bruine suiker

45 ml/3 eetl. eetlepel golden syrup (lichte mais)

100g/4oz/1 kop chocoladeschilfers

Wrijf de boter of margarine door de bloem, bakpoeder en bakpoeder tot het mengsel op broodkruimels lijkt. Voeg de suiker, siroop en chocoladeschilfers toe en meng tot een gladde pasta. Vorm er kleine balletjes van en leg ze op een ingevette bakplaat, druk ze lichtjes aan om ze plat te maken. Bak de koekjes in een voorverwarmde oven op 190°C/thermostaat 5 in 15 minuten goudbruin.

Chocolade- en bananenchipkoekjes

Geef 24

75 g boter of margarine

175 g/6 oz/1½ kopje bloem (voor alle doeleinden)

5ml/1 theelepel bakpoeder

2,5 ml/½ theelepel zuiveringszout (zuiveringszout)

50 g zachte bruine suiker

45 ml/3 eetl. eetlepel golden syrup (lichte mais)

50 g/2 oz/½ kopje chocoladeschilfers

2 oz/½ kopje/50 g gedroogde bananenchips, grof gehakt

Wrijf de boter of margarine door de bloem, bakpoeder en bakpoeder tot het mengsel op broodkruimels lijkt. Voeg de suiker, siroop en chocolade en bananenchips toe en meng tot een gladde pasta. Vorm er kleine balletjes van en leg ze op een ingevette bakplaat, druk ze lichtjes aan om ze plat te maken. Bak de koekjes in een voorverwarmde oven op 190°C/thermostaat 5 in 15 minuten goudbruin.

Hapjes van chocolade en noten

Geef 24

2 oz/¼ kopje/50 g boter of margarine, verzacht

175 g poedersuiker (superfijn)

1 ei

5 ml/1 theelepel vanille-essence (extract)

25 g pure (halfzoete) chocolade, gesmolten

100 g bloem (voor alle doeleinden)

5ml/1 theelepel bakpoeder

Een snufje zout

30 ml/2 eetlepels melk

25 g gehakte gemengde noten

Poedersuiker (zoetwaren), gezeefd, om te bestuiven

Klop de boter of margarine en de poedersuiker tot een licht en luchtig mengsel. Voeg geleidelijk het ei en de vanille-essence toe en voeg dan de chocolade toe. Meng de bloem, het bakpoeder en het zout en voeg dit toe aan het mengsel, afgewisseld met de melk. Roer de noten erdoor, dek af en zet 3 uur in de koelkast.

Rol balletjes van 3 cm van het mengsel en rol ze door de poedersuiker. Leg op een licht ingevette bak(kook)plaat en bak in een voorverwarmde oven op 180°C/350°F/thermostaat 4 gedurende 15 minuten tot ze lichtbruin zijn. Serveer bestrooid met poedersuiker.

Amerikaanse chocolate chip cookies

Geef 20

225 g reuzel (bakvet)

225 g/8 oz/1 kopje zachte bruine suiker

100 g kristalsuiker

5 ml/1 theelepel vanille-essence (extract)

2 eieren, licht losgeklopt

175 g/6 oz/1½ kopje bloem (voor alle doeleinden)

5 ml/1 theelepel zout

5ml/1 theelepel zuiveringszout (zuiveringszout)

225 g gerolde haver

350 g chocoladeschilfers

Roer het reuzel, de suikers en de vanille-essence tot een licht en luchtig geheel. Voeg geleidelijk de eieren toe. Roer de bloem, het zout, de baksoda en de havermout erdoor en roer dan de chocoladeschilfers erdoor. Schep lepels van het mengsel op ingevette bakplaten en bak in een voorverwarmde oven van 180°C/350°F/thermostaat 4 in ongeveer 10 minuten goudbruin.

Chocolade crèmes

Geef 24

6 oz/¾ kop/175 g boter of margarine, verzacht

175 g poedersuiker (superfijn)

225 g zelfrijzend bakmeel (zelfrijzend)

75 g gedroogde kokosnoot (geraspt)

4 oz/100 g cornflakes, geplet

25 g cacaopoeder (ongezoete chocolade).

60 ml/4 eetlepels kokend water

100 g pure chocolade (halfzoet)

Roer de boter of margarine en de suiker tot een romig geheel en roer dan de bloem, kokosnoot en cornflakes erdoor. Meng de cacao met het kokende water en roer dit door het mengsel. Vorm balletjes van 2,5 cm, leg ze op een ingevette bakplaat en druk ze lichtjes aan met een vork om ze plat te drukken. Bak in een voorverwarmde oven op 180°C/thermostaat 4 gedurende 15 minuten tot ze goudbruin zijn.

Smelt de chocolade in een hittebestendige kom boven een pan met kokend water. Verdeel over de helft van de koekjes (koekjes) en druk de andere helft erop. Laten afkoelen.

Chocoladeschilferkoekjes en hazelnootkoekjes

Geeft 16

200 g/7 oz/klein 1 kopje boter of margarine, verzacht

50 g basterdsuiker (superfijn)

100 g/4 oz/½ kopje zachte bruine suiker

10ml/2 eetl. vanille-essence (extract)

1 losgeklopt ei

275 g bloem (voor alle doeleinden)

50 g cacaopoeder (ongezoete chocolade).

5ml/1 theelepel bakpoeder

75 g hazelnoten

225 g/8 oz/2 kopjes witte chocolade, gehakt

Klop boter of margarine, suikers en vanille-essence tot bleek en luchtig, roer dan het ei erdoor. Voeg bloem, cacao en bakpoeder toe. Roer de noten en chocolade erdoor tot het mengsel samenkomt. Vorm er 16 balletjes van en verdeel ze gelijkmatig over een ingevctte, met bakpapier beklede bakplaat, druk ze lichtjes plat met de achterkant van een lepel. Bak in een voorverwarmde oven op 160°C/thermostaat 3 gedurende ongeveer 15 minuten tot ze net gestold maar nog een beetje zacht zijn.

Koekjes met chocolade en nootmuskaat

Geef 24

2 oz/¼ kopje/50 g boter of margarine, verzacht

100 g poedersuiker (superfijn)

15 ml/1 el cacaopoeder (ongezoete chocolade)

1 eigeel

2,5 ml/½ tl vanille-essence (extract)

150 g bloem (voor alle doeleinden)

5ml/1 theelepel bakpoeder

Een snufje geraspte nootmuskaat

60 ml/4 theelepels zoetzure room

Klop de boter of margarine en de suiker tot een licht en luchtig geheel. Roer de cacao erdoor. Roer het eigeel en de vanille-essence erdoor en roer dan de bloem, het bakpoeder en de nootmuskaat erdoor. Roer de room erdoor tot een gladde massa. Dek af en zet in de koelkast.

Rol het deeg uit tot 5 mm dik en steek uit met een koekjesvorm van 5 cm. Leg de koekjes (koekjes) op een niet-ingevette bakplaat en bak ze in de voorverwarmde oven op 200°C/400°F/thermostaat 6 in 10 minuten goudbruin.

Chocolade koekjes

Geeft 16

6 oz/¾ kop/175 g boter of margarine, verzacht

75 g poedersuiker (superfijn)

175 g/6 oz/1½ kopje bloem (voor alle doeleinden)

50 g gemalen rijst

75 g chocoladeschilfers

100 g pure chocolade (halfzoet)

Klop de boter of margarine en de suiker tot een licht en luchtig geheel. Roer de bloem en gemalen rijst erdoor en kneed de chocoladeschilfers. Druk in een ingevette Zwitsers broodvorm (jelly roll pan) en prik met een vork. Bak in een voorverwarmde oven op 160°C/thermostaat 3 gedurende 30 minuten tot ze goudbruin zijn. Scoor op de vingers terwijl ze nog warm zijn en laat ze dan volledig afkoelen.

Smelt de chocolade in een hittebestendige kom boven een pan met kokend water. Verdeel over de koekjes (koekjes) en laat afkoelen en opstijven voordat u ze in vingers snijdt. bewaar in een luchtdichte container.

Sandwichkoekjes met koffie en chocolade

Geef 40

Voor cookies (cookies):

175 g boter of margarine

25 g / 1 oz / 2 el reuzel (bakvet)

450 g bloem (voor alle doeleinden)

Een snufje zout

100 g/4 oz/½ kopje zachte bruine suiker

5ml/1 theelepel zuiveringszout (zuiveringszout)

60 ml/4 el sterke zwarte koffie

5 ml/1 theelepel vanille-essence (extract)

100 g golden syrup (lichte mais)

Voor de vulling:

10 ml/2 tl oploskoffiepoeder

10 ml/2 theelepel kokend water

50 g basterdsuiker (superfijn)

25 g boter of margarine

15 ml/1 el melk

Om de koekjes te maken, wrijft u de boter of margarine en het reuzel door de bloem en het zout tot het mengsel op broodkruimels lijkt, roer dan de bruine suiker erdoor. Meng de baking soda met een beetje koffie, voeg de rest van de koffie, de vanille-essence en de siroop toe aan het mengsel en meng tot een gladde pasta. Doe in een licht met olie ingevette kom, dek af met vershoudfolie (plasticfolie) en laat een nacht staan.

Rol het deeg uit op een licht met bloem bestoven werkvlak tot een dikte van ongeveer ½"/1 cm en snijd het in rechthoeken van ¾" x 3"/2 x 7,5 cm. Kerf elk in met een vork om een geribbeld patroon te maken. Leg op een ingevette bakplaat en bak in een voorverwarmde oven op 200°C/400°F/thermostaat 6 in 10 minuten goudbruin. Koel op een rooster.

Los voor de vulling het koffiepoeder op in kokend water in een kleine steelpan, roer dan de rest van de ingrediënten erdoor en breng aan de kook. Kook gedurende 2 minuten, haal dan van het vuur en klop tot het dik en koud is. Sandwich paren koekjes met de vulling.

kerstkoekjes

Geef 24

100 g boter of margarine, verzacht

100 g poedersuiker (superfijn)

225 g/8 oz/2 kopjes bloem (voor alle doeleinden)

Een snufje zout

5 ml/1 theelepel. gemalen kaneel

1 eigeel

10 ml/2 theelepel koud water

Enkele druppels vanille-essence (extract)

Voor de kers (icing):
8 oz/11/3 kopjes/225 g poedersuiker (banketbakker), gezeefd

30 ml/2 eetlepels water

Kleurstof voor levensmiddelen (optioneel)

Klop boter en suiker samen tot licht en luchtig. Roer de bloem, het zout en de kaneel erdoor, roer dan de eidooier, het water en de vanille-essence erdoor en meng tot een stevig deeg. Wikkel in vershoudfolie (plastic folie) en leg 30 minuten in de koelkast.

Rol het deeg uit tot een dikte van 5 mm/¼ en steek er kerstfiguren uit met koekjesvormpjes of een zeer scherp mes. Boor een gaatje in de bovenkant van elk koekje als je ze aan een boom wilt hangen. Leg de vormpjes op een ingevette bakplaat en bak in de voorverwarmde oven op 200°C/thermostaat 6 in 10 minuten goudbruin. Laten afkoelen.

Meng voor het glazuur geleidelijk het water met de poedersuiker tot je een dik genoeg glazuur krijgt. Kleur desgewenst kleine hoeveelheden in verschillende kleuren. Leg de patronen op de koekjes en laat ze uitharden. Steek een lus van lint of draad door het gat om op te hangen.

Kokoskoekjes

Geeft 32

50 g/2 oz/3 el golden syrup (lichte mais)

2/3 kop / 5 oz / 150 g boter of margarine

100 g poedersuiker (superfijn)

100 g bloem (voor alle doeleinden)

75 g gerolde haver

50 g gedroogde kokosnoot (geraspt)

10ml/2 tl zuiveringszout (baking soda)

15 ml/1 el heet water

Smelt de siroop, boter of margarine en suiker. Roer de bloem, havermout en geraspte kokos erdoor. Meng de baking soda met het hete water en roer dan door de andere ingrediënten. Laat het mengsel iets afkoelen, verdeel het dan in 32 stukken en rol elk stuk tot een bal. Druk de koekjes (koekjes) plat en leg ze op ingevette bakplaten (koekjes). Bak in een voorverwarmde oven op 160°C/thermostaat 3 gedurende 20 minuten tot ze goudbruin zijn.

Maïskoekjes met fruitcrème

Geef 12

150 g volkorenmeel (volkoren)

150 g maïsmeel

10ml/2 theelepel bakpoeder

Een snufje zout

225 g/8 oz/1 kop yoghurt

75 g/3 oz/¼ kopje heldere honing

2 eieren

45 ml/3 eetlepels olie

Voor de fruitcrème:
2/3 kop / 5 oz / 150 g boter of margarine, verzacht

Sap van 1 citroen

Enkele druppels vanille-essence (extract)

30 ml/2 eetlepels basterdsuiker (superfijn)

225 g aardbeien

Meng bloem, maïsmeel, bakpoeder en zout. Voeg yoghurt, honing, eieren en olie toe en meng tot een gladde massa. Rol uit op een licht met bloem bestoven werkvlak tot ongeveer ½ inch/1 cm dik en snijd in grote rondjes. Leg op een ingevette bakplaat en bak in een voorverwarmde oven op 200°C/400°F/thermostaat 6 in 15 minuten goudbruin.

Meng voor de fruitcrème de boter of margarine, citroensap, vanille-essence en suiker. Bewaar een paar aardbeien voor decoratie, pureer de rest en passeer door een zeef (zeef) als je de voorkeur geeft aan pitloze room (pitten). Roer door het botermengsel en zet in de koelkast. Spuit of druppel op elk koekje een rozet room voor het serveren.

Cornish koekjes

Geef 20

225 g zelfrijzend bakmeel (zelfrijzend)

Een snufje zout

100 g boter of margarine

2/3 kop / 6 oz / 175 g poedersuiker (superfijn)

1 ei

Poedersuiker (zoetwaren), gezeefd, om te bestuiven

Meng bloem en zout in een kom en roer er boter of margarine door tot het mengsel op broodkruimels lijkt. Roer de suiker erdoor. Voeg het ei toe en kneed tot je een zacht deeg krijgt. Rol dun uit op een licht met bloem bestoven oppervlak en snijd in rondjes.

Leg op een ingevette bakplaat en bak in een voorverwarmde oven op 200°C/400°F/thermostaat 6 in ongeveer 10 minuten goudbruin.

Volkoren Krentenkoekjes

Geeft 36

100 g boter of margarine, verzacht

50 g/2 oz/¼ kopje demerara suiker

2 eieren, gescheiden

100 g krenten

225 g volkorenmeel (volkoren)

100 g bloem (voor alle doeleinden)

5 ml/1 theelepel. gemalen specerijen (appeltaart)

¼ pt/2/3 kop/150 ml melk, plus extra om mee te poetsen

Klop de boter of margarine en de suiker tot een licht en luchtig geheel. Klop de eidooiers los en roer de krenten erdoor. Meng het meel en de gemengde kruiden en roer dit door het mengsel met de melk. Klop de eiwitten tot ze zachte pieken vormen en spatel ze dan door het mengsel om een zacht deeg te maken. Rol het deeg uit op een licht met bloem bestoven werkvlak en steek het vervolgens uit met een koekjesvorm van 5 cm. Leg op een ingevette bakplaat en bestrijk met melk. Bak in een voorverwarmde oven op 180°C/thermostaat 4 gedurende 20 minuten tot ze goudbruin zijn.

Datumsandwichkoekjes

Geef 30

8 oz/1 kop boter of margarine, verzacht

450 g zachte bruine suiker

225 g gerolde haver

225 g/8 oz/2 kopjes bloem (voor alle doeleinden)

2,5 ml/½ theelepel zuiveringszout (zuiveringszout)

Een snufje zout

120 ml melk

2 kopjes / 8 oz / 225 g ontpitte dadels (ontpit), zeer fijngehakt

250 ml water

Roer de boter of margarine en de helft van de suiker licht en luchtig. Meng de droge ingrediënten en voeg afwisselend met de melk toe aan het roommengsel tot er een stevig deeg ontstaat. Spreid uit op een licht met bloem bestoven bord en snijd in rondjes met een koekjesvormer. Leg op een ingevette bakplaat en bak in een voorverwarmde oven op 180°C/350°F/thermostaat 4 in 10 minuten goudbruin.

Doe alle overige ingrediënten in een pan en breng aan de kook. Zet het vuur lager en laat 20 minuten sudderen tot het ingedikt is, af en toe roerend. Laten afkoelen. Beleg de koekjes met de vulling.

Spijsverteringskoekjes (crackers uit Graham)

Geef 24

175 g volkorenmeel (volkoren)

50 g bloem (voor alle doeleinden)

50 g medium gerolde haver

2,5 ml/½ theelepel zout

5ml/1 theelepel bakpoeder

100 g boter of margarine

30 ml/2 eetlepels zachte bruine suiker

60 ml/4 eetlepels melk

Meng de bloem, havermout, zout en bakpoeder, roer dan de boter of margarine erdoor en roer de suiker erdoor. Voeg beetje bij beetje de melk toe en kneed tot een zacht deeg. Kneed goed tot het niet meer plakt. Rol uit tot een dikte van 5 mm en snijd met een koekjesvormer in rondjes van 5 cm. Leg op een ingevette bakplaat en bak in een voorverwarmde oven op 180°C/350°F/thermostaat 4 gedurende ongeveer 15 minuten.

Pasen koekjes

Geef 20

75 g boter of margarine, verzacht

100 g poedersuiker (superfijn)

1 eigeel

150 g zelfrijzend bakmeel (zelfrijzend)

5 ml/1 theelepel. gemalen specerijen (appeltaart)

15ml/1 theelepel eetlepels gehakte gemengde (gekonfijte) schors

50 g krenten

15 ml/1 el melk

Poedersuiker (superfijn) om te bestrooien

Klop de boter of margarine en de suiker romig. Klop de eierdooier los en roer dan de bloem en de kruidenmix erdoor. Roer de schil en krenten erdoor met voldoende melk om een stevige pasta te maken. Rol uit tot een dikte van ongeveer 5 mm en snijd met een koekjesvormer in rondjes van 5 cm. Leg de koekjes op een ingevette bakplaat en prik ze in met een vork. Bak in een voorverwarmde oven op 180°C/thermostaat 4 in ongeveer 20 minuten goudbruin. Bestrooi met suiker.

Florentijnen

Geef 40

100 g boter of margarine

100 g poedersuiker (superfijn)

15ml/1 theelepel eetlepels slagroom (dik)

100 g gehakte gemengde noten

75 g rozijnen (golden rozijnen)

50 g geglaceerde kersen (gekonfijt)

Smelt de boter of margarine, suiker en room in een steelpan op laag vuur. Haal van het vuur en roer de noten, rozijnen en gekonfijte kersen erdoor. Laat theelepeltjes, goed verdeeld, op ingevette bakplaten (koekjes) vallen die met rijstpapier zijn bekleed. Bak in een voorverwarmde oven op 180°C/350°F/thermostaat 4 gedurende 10 minuten. Laat 5 minuten afkoelen op bakplaten, leg ze dan op een rooster om af te koelen en schraap overtollig rijstpapier eraf.

Chocolade Florentijnen

Geef 40

100 g boter of margarine

100 g poedersuiker (superfijn)

15ml/1 theelepel eetlepels slagroom (dik)

100 g gehakte gemengde noten

75 g rozijnen (golden rozijnen)

50 g geglaceerde kersen (gekonfijt)

100 g pure chocolade (halfzoet)

Smelt de boter of margarine, suiker en room in een steelpan op laag vuur. Haal van het vuur en roer de noten, rozijnen en gekonfijte kersen erdoor. Laat theelepeltjes, goed verdeeld, op ingevette bakplaten (koekjes) vallen die met rijstpapier zijn bekleed. Bak in een voorverwarmde oven op 180°C/350°F/thermostaat 4 gedurende 10 minuten. Laat 5 minuten afkoelen op bakplaten, leg ze dan op een rooster om af te koelen en schraap overtollig rijstpapier eraf.

Smelt de chocolade in een hittebestendige kom boven een pan met kokend water. Verspreid over koekjes (koekjes) en laat afkoelen en opstijven.

Deluxe Chocolade Florentijnen

Geef 40

100 g boter of margarine

100 g/4 oz/½ kopje zachte bruine suiker

15ml/1 theelepel eetlepels slagroom (dik)

50 g amandelen, gehakt

50 g hazelnoten, gehakt

75 g rozijnen (golden rozijnen)

50 g geglaceerde kersen (gekonfijt)

100 g pure chocolade (halfzoet)

50 g witte chocolade

Smelt de boter of margarine, suiker en room in een steelpan op laag vuur. Haal van het vuur en roer de noten, rozijnen en gekonfijte kersen erdoor. Laat theelepeltjes, goed verdeeld, op ingevette bakplaten (koekjes) vallen die met rijstpapier zijn bekleed. Bak in een voorverwarmde oven op 180°C/350°F/thermostaat 4 gedurende 10 minuten. Laat 5 minuten afkoelen op bakplaten, leg ze dan op een rooster om af te koelen en schraap overtollig rijstpapier eraf.

Smelt de donkere chocolade in een hittebestendige kom boven een pan met kokend water. Verspreid over koekjes (koekjes) en laat afkoelen en opstijven. Smelt de witte chocolade op dezelfde manier in een schone kom en verdeel vervolgens lijnen witte chocolade over de koekjes in een willekeurig patroon.

Walnoot fondant koekjes

Geef 30

75 g boter of margarine, verzacht

200 g / 7 oz / beetje 1 kopje basterdsuiker (superfijn)

1 ei, licht losgeklopt

100 g kwark

5 ml/1 theelepel vanille-essence (extract)

150 g bloem (voor alle doeleinden)

25 g cacaopoeder (ongezoete chocolade).

2,5 ml/½ theelepel bakpoeder

1,5 ml/¼ theelepel zuiveringszout (zuiveringszout)

Een snufje zout

25 g gehakte gemengde noten

25 g / 1 oz / 2 el kristalsuiker

Klop de boter of margarine en de poedersuiker tot een licht en luchtig mengsel. Roer geleidelijk het ei en de kwark erdoor. Voeg de rest van de ingrediënten behalve de kristalsuiker toe en meng tot een zacht deeg. Wikkel in vershoudfolie (plastic folie) en leg 1 uur in de koelkast.

Rol het deeg tot balletjes ter grootte van een walnoot en rol ze door de basterdsuiker. Leg de koekjes (koekjes) op een ingevette bakplaat en bak in de voorverwarmde oven op 180°C/thermostaat 4 gedurende 10 minuten.

Duitse geglazuurde koekjes

Geef 12

2 oz/¼ kop/50 g boter of margarine

100 g bloem (voor alle doeleinden)

25 g poedersuiker (superfijn)

60 ml/4 theelepels eetlepel bramenjam (bewaar)

2/3 kop / 4 oz / 100 g poedersuiker (banketbakker), gezeefd

15 ml / 1 el citroensap

Wrijf de boter door de bloem tot het mengsel op broodkruimels lijkt. Roer de suiker erdoor en druk tot een pasta. Rol uit tot een dikte van 5 mm/¼ en steek er rondjes uit met een koekjesvormer. Leg op een ingevette bakplaat en bak in een voorverwarmde oven op 180°C/350°F/thermostaat 6 gedurende 10 minuten tot het afgekoeld is. Laten afkoelen.

Sandwich paren koekjes met jam. Doe de poedersuiker in een kom en maak een kuiltje in het midden. Roer geleidelijk het citroensap erdoor om een bevroren glazuur (icing) te maken. Bedek de koekjes en laat rusten.

Gember koekjes

Geef 24

10 oz/300 g/1¼ kopjes boter of margarine, verzacht

225 g/8 oz/1 kopje zachte bruine suiker

75 g/3 oz/¼ kopje stroopmelasse (melasse)

1 ei

2¼ kopjes / 9 oz / 250 g bloem (voor alle doeleinden)

10ml/2 tl zuiveringszout (baking soda)

2,5 ml/½ theelepel zout

5 ml/1 theelepel. gemalen gember

5 ml/1 theelepel. gemalen kruidnagel

5 ml/1 theelepel. gemalen kaneel

50 g kristalsuiker

Klop boter of margarine, bruine suiker, melasse en ei luchtig. Meng bloem, bakpoeder, zout en kruiden. Voeg toe aan het botermengsel en meng tot een stevig deeg. Dek af en zet 1 uur in de koelkast.

Vorm kleine balletjes van het deeg en rol ze door de basterdsuiker. Leg ze goed uit elkaar op een ingevette bakplaat en besprenkel ze met een beetje water. Bak in een voorverwarmde oven op 190°C/375°F/gasstand 5 gedurende 12 minuten tot ze goudbruin en krokant zijn.

Gember koekjes

Geef 24

100 g boter of margarine

225 g zelfrijzend bakmeel (zelfrijzend)

5ml/1 theelepel zuiveringszout (zuiveringszout)

5 ml/1 theelepel. gemalen gember

100 g poedersuiker (superfijn)

45 ml/3 eetl. golden syrup (lichte maïs), opgewarmd

Wrijf boter of margarine door bloem, bakpoeder en gember. Roer de suiker erdoor, roer dan de siroop erdoor en meng tot een stevige pasta. Rol balletjes ter grootte van een walnoot, leg ze goed uit elkaar op een ingevette bakplaat en druk ze lichtjes aan met een vork om ze plat te drukken. Bak de koekjes 10 minuten in een voorverwarmde oven op 190°C/thermostaat 5.

peperkoek man

Maakt ongeveer 16

350 g zelfrijzend bakmeel (zelfrijzend)

Een snufje zout

10ml/2 eetl. gemalen gember

100 g golden syrup (lichte mais)

75 g boter of margarine

25 g poedersuiker (superfijn)

1 ei, licht losgeklopt

Een paar krenten (optioneel)

Combineer bloem, zout en gember. Smelt de siroop, boter of margarine en suiker in een pannetje. Laat iets afkoelen, voeg dan de droge ingrediënten toe aan het ei en meng tot een stevig deeg. Rol uit op een licht met bloem bestoven werkvlak tot een dikte van ¼/5 mm en steek uit met koekjesvormpjes. Het aantal dat u kunt maken, is afhankelijk van de grootte van uw messen. Leg op een licht ingevette bakplaat en druk de krenten voorzichtig in de ogen knoopkoekjes, indien gewenst. Bak in een voorverwarmde oven op 180°C/thermostaat 4 gedurende 15 minuten tot ze goudbruin en stevig aanvoelen.

Volkoren Gemberkoekjes

Geef 24

200 g volkorenmeel (volkoren)

10ml/2 theelepel bakpoeder

10ml/2 eetl. gemalen gember

100 g boter of margarine

50 g zachte bruine suiker

60 ml/4 theelepels helder schat

Combineer bloem, bakpoeder en gember. Smelt de boter of margarine met de suiker en honing, voeg het dan toe aan de droge ingrediënten en mix tot je een stevige pasta krijgt. Rol uit op een met bloem bestoven werkvlak en steek er met een koekjessnijder rondjes uit. Leg ze op een ingevette bakplaat en bak ze in een voorverwarmde oven van 375°F/190°C/thermostaat 5 gedurende 12 minuten tot ze goudbruin en krokant zijn.

Gember en rijstkoekjes

Geef 12

225 g/8 oz/2 kopjes bloem (voor alle doeleinden)

2,5 ml/½ theelepel. gemalen foelie

10ml/2 eetl. gemalen gember

75 g boter of margarine

175 g poedersuiker (superfijn)

1 losgeklopt ei

5 ml/1 theelepel citroensap

30 ml/2 el gemalen rijst

Meng bloem en kruiden, roer boter of margarine erdoor tot het mengsel op broodkruimels lijkt en roer dan de suiker erdoor. Meng het ei en het citroensap tot een stevig deeg en kneed het voorzichtig tot een gladde massa. Bestrooi een werkvlak met gemalen rijst en rol het deeg uit tot 1 cm dik. Snijd met een koekjesvormer in rondjes van 5 cm. Plaats op een ingevette bakplaat en bak in voorverwarmde 350 ° F / 180 ° C / thermostaat 4 oven gedurende 20 minuten tot stevig aanvoelt.

Gouden koekjes

Geeft 36

75 g boter of margarine, verzacht

200 g / 7 oz / beetje 1 kopje basterdsuiker (superfijn)

2 eieren, licht losgeklopt

225 g/8 oz/2 kopjes bloem (voor alle doeleinden)

10ml/2 theelepel bakpoeder

5 ml/1 theelepel. geraspte nootmuskaat

Een snufje zout

Ei of melk voor glazuur

Poedersuiker (superfijn) om te bestrooien

Klop de boter of margarine en de suiker romig. Klop geleidelijk de eieren erdoor, roer dan de bloem, het bakpoeder, de nootmuskaat en het zout erdoor en kneed tot een zacht deeg. Dek af en laat 30 minuten staan.

Rol het deeg uit op een licht met bloem bestoven werkvlak tot een dikte van ongeveer ¼/5 mm en snijd het in rondjes met een koekjesvormer. Leg op een ingevette bakplaat, bestrijk met losgeklopt ei of melk en bestrooi met suiker. Bak in een voorverwarmde oven op 200°C/400°F/thermostaat 6 gedurende 8-10 minuten tot ze goudbruin zijn.

Hazelnootkoekjes

Geef 24

100 g boter of margarine, verzacht

50 g basterdsuiker (superfijn)

100 g bloem (voor alle doeleinden)

25 g gemalen hazelnoten

Klop de boter of margarine en de suiker tot een licht en luchtig geheel. Voeg beetje bij beetje de bloem en noten toe tot er een stevig deeg ontstaat. Rol er kleine balletjes van en leg ze, goed verdeeld, op een ingevette bakplaat (koekje). Bak de koekjes in een voorverwarmde oven op 180°C/350°F/thermostaat 4 gedurende 20 minuten.

Krokante hazelnootkoekjes

Geef 40

100 g boter of margarine, verzacht

100 g poedersuiker (superfijn)

1 losgeklopt ei

5 ml/1 theelepel vanille-essence (extract)

175 g/6 oz/1½ kopje bloem (voor alle doeleinden)

50 g gemalen hazelnoten

50 g hazelnoten, gehakt

Klop de boter of margarine en de suiker tot een licht en luchtig geheel. Roer geleidelijk het ei en de vanille-essence erdoor, roer dan de bloem, gemalen hazelnoten en hazelnoten erdoor en kneed tot een deeg. Rol tot een bal, wikkel in vershoudfolie en leg 1 uur in de koelkast.

Rol het deeg uit tot een dikte van 5 mm/¼ en steek er cirkels uit met een koekjesvormer. Leg op een ingevette bakplaat en bak in een voorverwarmde oven op 200°C/400°F/thermostaat 6 in 10 minuten goudbruin.

Hazelnoot- en amandelkoekjes

Geef 24

100 g boter of margarine, verzacht

3 oz/½ kopje/75 g poedersuiker (banketbakker), gezeefd

50 g gemalen hazelnoten

50 g gemalen amandelen

100 g bloem (voor alle doeleinden)

5 ml/1 theelepel. amandelessence (extract)

Een snufje zout

Roomboter of margarine en suiker tot licht en luchtig. Meng de rest van de ingrediënten tot een stevige pasta. Rol tot een bal, dek af met vershoudfolie (plasticfolie) en zet 30 minuten in de koelkast.

Rol het deeg uit tot ongeveer 1 cm dik en steek er cirkels uit met een koekjesvormer. Leg op een ingevette bakplaat en bak in een voorverwarmde oven op 180°C/350°F/thermostaat 4 in 15 minuten goudbruin.

Honing koekjes

Geef 24

75 g boter of margarine

Set van 100 g honing

225 g volkorenmeel (volkoren)

5ml/1 theelepel bakpoeder

Een snufje zout

2 oz/¼ kopje/50 g muscovadosuiker

5 ml/1 theelepel. gemalen kaneel

1 ei, licht losgeklopt

Smelt boter of margarine en honing tot het gemengd is. Verwerk de rest van de ingrediënten. Schep goed verdeelde lepels van het mengsel op een ingevette bakplaat en bak in een voorverwarmde oven van 180°C/350°F/thermostaat 4 gedurende 15 minuten, tot ze goudbruin zijn. Laat 5 minuten afkoelen voordat je ze op een rooster legt om af te koelen.

Ratafia's met honing

Geef 24

2 eiwitten

100 g gemalen amandelen

Enkele druppels amandelessence (extract)

100 g/4 oz/1/3 kopje heldere honing

rijstpapier

Klop de eiwitten stijf. Roer voorzichtig de amandelen, amandelessence en honing erdoor. Leg goed verdeelde lepels van het mengsel op met rijstpapier beklede bakplaten en bak in een voorverwarmde oven van 180°C/350°F/thermostaat 4 gedurende 15 minuten, tot ze goudbruin zijn. Laat iets afkoelen en scheur het papier om het te verwijderen.

Honing Karnemelk Koekjes

Geef 12

2 oz/¼ kop/50 g boter of margarine

225 g zelfrijzend bakmeel (zelfrijzend)

6 fl oz/¾ kopje karnemelk/175 ml

45 ml/3 el heldere honing

Wrijf boter of margarine door de bloem tot het mengsel op broodkruimels lijkt. Voeg de karnemelk en honing toe en meng tot een stijve pasta. Leg ze op een licht met bloem bestoven oppervlak en kneed tot een gladde massa, rol ze dan uit tot een dikte van 2 cm en snijd ze met een koekjesvormer in rondjes van 5 cm. Leg ze op een ingevette bakplaat en bak ze in een voorverwarmde oven van 230°C/450°F/thermostaat 8 gedurende 10 minuten tot ze goudbruin zijn.

Koekjes met citroenboter

Geef 20

100 g gemalen rijst

100 g bloem (voor alle doeleinden)

75 g poedersuiker (superfijn)

Een snufje zout

2,5 ml/½ theelepel bakpoeder

100 g boter of margarine

Geraspte schil van 1 citroen

1 losgeklopt ei

Meng gemalen rijst, bloem, suiker, zout en bakpoeder. Wrijf de boter erdoor tot het mengsel op broodkruim lijkt. Roer de citroenschil erdoor en meng met voldoende ei tot een stevig deeg. Kneed voorzichtig, rol uit op een met bloem bestoven oppervlak en steek er vormen uit met een koekjesvormer. Leg op een ingevette bakplaat en bak in een voorverwarmde oven op 180°C/350°F/thermostaat 4 gedurende 30 minuten. Laat iets afkoelen op de bakplaat en leg het dan op een rooster om volledig af te koelen.

citroen koekjes

Geef 24

100 g boter of margarine

100 g poedersuiker (superfijn)

1 ei, licht losgeklopt

225 g/8 oz/2 kopjes bloem (voor alle doeleinden)

5ml/1 theelepel bakpoeder

Geraspte schil van ½ citroen

5 ml/1 theelepel citroensap

30 ml / 2 eetlepels demerara-suiker

Smelt de boter of margarine en basterdsuiker op laag vuur, onder voortdurend roeren, tot het mengsel begint in te dikken. Haal van het vuur en roer het ei, de bloem, het bakpoeder, de citroenschil en het sap erdoor en meng tot een pasta. Dek af en zet 30 minuten in de koelkast.

Vorm kleine balletjes van het deeg, leg ze op een ingevette bakplaat en druk ze plat met een vork. Bestrooi met demerarasuiker. Bak in een voorverwarmde oven op 180°C/350°F/thermostaat 4 gedurende 15 minuten.

Smeltende momenten

Geeft 16

100 g boter of margarine, verzacht

75 g poedersuiker (superfijn)

1 losgeklopt ei

150 g bloem (voor alle doeleinden)

10ml/2 theelepel bakpoeder

Een snufje zout

8 geglaceerde kersen (gekonfijt), gehalveerd

Klop de boter of margarine en de suiker tot een licht en luchtig geheel. Roer geleidelijk het ei erdoor en roer dan de bloem, het bakpoeder en het zout erdoor. Kneed voorzichtig tot je een glad deeg krijgt. Vorm van het deeg 16 balletjes van gelijke grootte en leg ze, goed verdeeld, op een ingevette bakplaat. Druk ze een beetje plat en bedek ze met een halve kers. Bak in een voorverwarmde oven op 180°C/350°F/thermostaat 4 gedurende 15 minuten. Laat 5 minuten afkoelen op de bakplaat en leg ze dan op een rooster om af te koelen.

Muesli-koekjes

Geef 24

100 g boter of margarine

100 g/4 oz/1/3 kopje heldere honing

75 g zachte bruine suiker

100 g volkorenmeel (volkoren)

100 g gerolde haver

50 g rozijnen

50g/2oz/1/3 kopje rozijnen (gouden rozijnen)

2 oz / 1/3 kopje ontpitte dadels (ontpit), gehakt

2 oz / 1/3 kop kant-en-klare gedroogde abrikozen, gehakt

1 oz/¼ kopje walnoten, gehakt

25 g hazelnoten, gehakt

Smelt de boter of margarine met de honing en suiker. Voeg de rest van de ingrediënten toe en meng tot een stevige pasta. Plaats theelepels op een ingevette bakplaat (koekje) en druk plat. Bak de koekjes in een voorverwarmde oven op 180°C/thermostaat 4 in 20 minuten goudbruin.

Walnoot koekjes

Geef 24

350 g boter of margarine, verzacht

350 g poedersuiker (superfijn)

5 ml/1 theelepel vanille-essence (extract)

350 g bloem (voor alle doeleinden)

5ml/1 theelepel zuiveringszout (zuiveringszout)

100 g gehakte gemengde noten

Klop de boter of margarine en de suiker tot een licht en luchtig geheel. Voeg de rest van de ingrediënten toe en mix tot alles goed gemengd is. Vorm twee lange broodjes, dek af en zet ze 30 minuten in de koelkast tot ze stevig zijn.

Snijd de broodjes in plakken van ¼/5 mm en leg ze op een ingevette bakplaat. Bak de koekjes in een voorverwarmde oven op 180°C/350°F/thermostaat 4 gedurende 10 minuten tot ze licht goudbruin zijn.

Krokante walnotenkoekjes

Geef 30

100 g/4 oz/½ kopje zachte bruine suiker

1 losgeklopt ei

5 ml/1 theelepel vanille-essence (extract)

45 ml/3 eetl. eetlepel bloem (voor alle doeleinden)

100 g gehakte gemengde noten

Klop de suiker met het ei en de vanille-essence en voeg dan de bloem en de walnoten toe. Leg kleine lepels op een ingevette en met bloem bestoven bakplaat en druk ze iets plat met een vork. Bak de koekjes 10 minuten in een voorverwarmde oven op 190°C/thermostaat 5.

Krokante Kaneel Walnoot Koekjes

Geef 24

100 g boter of margarine, verzacht

100 g poedersuiker (superfijn)

1 ei, licht losgeklopt

2,5 ml/½ tl vanille-essence (extract)

175 g/6 oz/1½ kopje bloem (voor alle doeleinden)

2,5 ml/½ theelepel. gemalen kaneel

2,5 ml/½ theelepel zuiveringszout (zuiveringszout)

100 g gehakte gemengde noten

Klop de boter of margarine en de suiker romig. Voeg geleidelijk 60 ml/4 eetl. eetlepel ei en vanille-essence. Roer de bloem, kaneel, baking soda en de helft van de walnoten erdoor. Druk in een ingevette en beklede Zwitserse broodpan (jelly roll-pan). Bestrijk met het resterende ei en bestrooi met de resterende walnoten en druk zachtjes aan. Bak de koekjes in een voorverwarmde oven op 180°C/thermostaat 4 in 20 minuten goudbruin. Laat afkoelen in de pan alvorens in repen te snijden.

Aardbeien Mousse Taart

Maakt een taart van 23 cm

Voor de taart:

100 g zelfrijzend (zelfrijzend) meel

100 g boter of margarine, verzacht

100 g poedersuiker (superfijn)

2 eieren

Voor de mousse:

15 ml/1 el poedergelatine

30 ml/2 eetlepels water

450 g aardbeien

3 eieren, gescheiden

75 g poedersuiker (superfijn)

5 ml/1 theelepel citroensap

½ pt/1¼ kopjes/300 ml slagroom (dik)

30 ml/2 eetl. geschaafde amandelen (gehakt), licht geroosterd

Klop de cake-ingrediënten tot een gladde massa. Giet in een ingevette en met bakpapier beklede taartvorm (vorm) van 9 cm/23 cm en bak in een voorverwarmde oven van 190 °C/thermostaat 5 gedurende 25 minuten tot ze goudbruin en stevig aanvoelen. Haal uit de vorm en laat afkoelen.

Om de mousse te maken, strooi je de gelatine over het water in een kom en laat je het luchtig worden. Zet de kom in een pan met heet water en laat het oplossen. Laat iets afkoelen. Pureer intussen 350 g aardbeien en passeer door een zeef (zeef) om de pitjes te verwijderen. Klop eierdooiers en suiker tot bleek en dik en het mengsel stroomt in linten uit de garde. Roer de puree, het citroensap en de gelatine erdoor. Klop de slagroom stijf en roer dan de helft door het mengsel. Klop met een schone garde en kom de eiwitten stijf en spatel ze dan door het mengsel.

Snijd de biscuit horizontaal doormidden en leg de ene helft op de bodem van een schone cakevorm (vorm) bedekt met huishoudfolie (plastic folie). Snijd de resterende aardbeien in plakjes en verdeel ze over het biscuitgebak, garneer vervolgens met de gearomatiseerde room en als laatste de tweede cakelaag. Druk heel zachtjes. Koel tot het is ingesteld.

Om te serveren, keert u de cake om op een serveerschaal en verwijdert u de huishoudfolie (plastic folie). Versier met de rest van de room en versier met de amandelen.

Paashaas taart

Maakt een taart van 20 cm

75 g muscovadosuiker

3 eieren

75 g zelfrijzend bakmeel (zelfrijzend)

15 ml/1 el cacaopoeder (ongezoete chocolade)

15 ml / 1 el lauw water

Voor de vulling:
2 oz/¼ kopje/50 g boter of margarine, verzacht

3 oz/½ kopje/75 g poedersuiker (banketbakker), gezeefd

Voor garnering:
100 g pure chocolade (halfzoet)

25 g boter of margarine

Lint of suikerbloemen (optioneel)

Klop suiker en eieren los in een hittebestendige kom boven een pan met kokend water. Blijf kloppen tot het mengsel dik en romig is. Laat een paar minuten staan, haal dan van het vuur en klop opnieuw tot het mengsel een spoor achterlaat wanneer de garde wordt verwijderd. Roer de bloem en cacao erdoor en roer dan het water erdoor. Giet het mengsel in een ingevette en beklede taartvorm van 8 inch/20 cm en een ingevette en beklede cakevorm van 6 in/15 cm. Bak in een voorverwarmde oven op 200°C/400°F/thermostaat 6 gedurende 15-20 minuten tot het goed gerezen en stevig aanvoelt. Op rooster laten afkoelen.

Roer voor de vulling de margarine en poedersuiker tot een geheel. Gebruik het om de kleinere cake bovenop de grotere te klemmen.

Smelt voor de vulling chocolade en boter of margarine in een hittebestendige kom boven een pan met kokend water. Giet de vulling over de cake en verdeel met een mes gedrenkt in heet water zodat het volledig bedekt is. Versier langs de rand met lint of suikerbloemen.

Simnel Paastaart

Maakt een taart van 20 cm

8 oz/1 kop boter of margarine, verzacht

225 g/8 oz/1 kopje zachte bruine suiker

Geraspte schil van 1 citroen

4 losgeklopte eieren

225 g/8 oz/2 kopjes bloem (voor alle doeleinden)

5ml/1 theelepel bakpoeder

2,5 ml/½ theelepel geraspte nootmuskaat

50 g maïsmeel (maizena)

100 g rozijnen (goudrozijnen)

100 g rozijnen

75 g krenten

100 g geglaceerde kersen (gekonfijt), fijngehakt

25 g gemalen amandelen

450 g marsepein

30 ml/2 el abrikozenjam (winkel)

1 losgeklopt eiwit

Klop de boter of margarine, suiker en citroenschil tot een bleek en luchtig geheel. Roer geleidelijk de eieren erdoor en roer dan de bloem, bakpoeder, nootmuskaat en maïzena erdoor. Roer het fruit en de amandelen erdoor. Giet de helft van het mengsel in een ingevette en met bakpapier beklede taartvorm van 20 cm. Rol de helft van de marsepein uit tot een cirkel ter grootte van de cake en leg deze op het mengsel. Vul met de rest van het mengsel en bak in een voorverwarmde oven op 160°C/thermostaat 3 in 2 tot 2 ½ uur goudbruin. Laat het afkoelen in de vorm. Eenmaal afgekoeld, ontvorm en wikkel in perkamentpapier (in de was gezet). Bewaar indien mogelijk in een luchtdichte verpakking tot drie weken om te rijpen.

Bestrijk de bovenkant met jam om de cake af te maken. Rol driekwart van de resterende marsepein uit tot een cirkel met een diameter van 8/20 cm, druk de randen plat en schik deze bovenop de cake. Rol de resterende marsepein in 11 balletjes (om de discipelen zonder Judas voor te stellen). Bestrijk de bovenkant van de cake met losgeklopt eiwit en schik de balletjes rond de rand van de cake en bestrijk ze met eiwit. Plaats ongeveer een minuut onder een hete grill (grill) om lichtbruin te worden.

Twaalfde Nacht Taart

Maakt een taart van 20 cm

8 oz/1 kop boter of margarine, verzacht

225 g/8 oz/1 kopje zachte bruine suiker

4 losgeklopte eieren

225 g/8 oz/2 kopjes bloem (voor alle doeleinden)

5 ml/1 theelepel. gemalen specerijen (appeltaart)

175 g rozijnen (golden rozijnen)

100 g rozijnen

75 g krenten

50 g geglaceerde kersen (gekonfijt)

2 oz/50 g/1/3 kop gemengde (gekonfijte) schors, gehakt

30 ml/2 eetlepels melk

12 kaarsen om te versieren

Klop de boter of margarine en de suiker tot een bleek en luchtig mengsel. Klop geleidelijk de eieren erdoor, roer dan de bloem, de gemengde kruiden, het fruit en de schil erdoor en mix tot alles goed gemengd is, voeg indien nodig een beetje melk toe om een glad mengsel te krijgen. Giet in een beboterde en met bakpapier beklede broodvorm van 20 cm en bak in een voorverwarmde oven op 180°C/350°F/thermostaat 4 gedurende 2 uur tot een in het midden gestoken tandenstoker er schoon uitkomt. Ontslag nemen

Magnetron appeltaart

Maakt een vierkant van 23 cm

100 g boter of margarine, verzacht

100 g/4 oz/½ kopje zachte bruine suiker

30 ml/2 eetl. eetlepel golden syrup (lichte mais)

2 eieren, licht losgeklopt

225 g zelfrijzend bakmeel (zelfrijzend)

10ml/2 eetl. gemalen specerijen (appeltaart)

120 ml melk

2 kook(taart)appels, geschild, klokhuis verwijderd en in dunne plakjes gesneden

15 ml/1 el basterdsuiker (superfijn)

5 ml/1 theelepel. gemalen kaneel

Klop de boter of margarine, bruine suiker en siroop tot bleek en luchtig. Voeg geleidelijk de eieren toe. Roer de bloem en het kruidenmengsel erdoor en roer dan de melk erdoor tot het zacht is. Roer de appels erdoor. Giet in een ingevette, beklede, magnetronbestendige ringvorm van 9 cm/23 cm (buisvormige vorm) en magnetron op middelhoog vermogen gedurende 12 minuten tot stevig. Laat 5 minuten staan, draai dan om en bestrooi met poedersuiker en kaneel.

Magnetron Appelmoes Taart

Maakt een taart van 20 cm

100 g boter of margarine, verzacht

175 g zachte bruine suiker

1 ei, licht losgeklopt

175 g/6 oz/1½ kopje bloem (voor alle doeleinden)

2,5 ml/½ theelepel bakpoeder

Een snufje zout

2,5 ml/½ theelepel. gemalen piment

1,5 ml/¼ theelepel geraspte nootmuskaat

1,5 ml/¼ theelepel gemalen kruidnagel

½ pt/1¼ kopjes/300 ml ongezoete appelmoes (saus)

75 g rozijnen

Poedersuiker (voor zoetwaren) om te bestrooien

Klop de boter of margarine en bruine suiker tot een licht en luchtig geheel. Voeg beetje bij beetje het ei toe, daarna de bloem, het bakpoeder, het zout en de kruiden, afgewisseld met de appelmoes en de rozijnen. Giet in een ingevette en met bloem bestoven vierkante magnetronschaal van 8 inch/20 cm en zet 12 minuten in de magnetron op High. In de schaal laten afkoelen, in vierkanten snijden en met poedersuiker bestrooien.

Appel-notencake in de magnetron

Maakt een taart van 20 cm

6 oz/¾ kop/175 g boter of margarine, verzacht

100 g poedersuiker (superfijn)

3 eieren, licht losgeklopt

30 ml/2 eetl. eetlepel golden syrup (lichte mais)

Geraspte schil en sap van 1 citroen

175 g zelfrijzend bakmeel (zelfrijzend)

50 g walnoten, gehakt

1 appel om te eten (als toetje), geschild, klokhuis verwijderd en in stukjes gesneden

100 g/4 oz/2/3 kopje poedersuiker (kandijsuiker).

30 ml/2 eetlepels citroensap

15 ml/1 el water

Walnoothelften om te garneren

Klop de boter of margarine en de poedersuiker tot een licht en luchtig geheel. Voeg geleidelijk de eieren toe, daarna de siroop, citroenschil en -sap. Roer de bloem, gehakte walnoten en appel erdoor. Giet in een ingevette ronde magnetronschaal van 8 inch/20 cm en zet 4 minuten in de magnetron op High. Haal uit de oven en dek af met aluminiumfolie. Laten afkoelen. Meng de poedersuiker met het citroensap en voldoende water tot een glad glazuur (icing). Verdeel over de cake en garneer met halve walnoten.

Magnetron Worteltaart

Maakt een cake van 7"/18 cm

100 g boter of margarine, verzacht

100 g/4 oz/½ kopje zachte bruine suiker

2 losgeklopte eieren

Geraspte schil en sap van 1 sinaasappel

2,5 ml/½ theelepel. gemalen kaneel

Een snufje geraspte nootmuskaat

100 g geraspte wortelen

100 g zelfrijzend (zelfrijzend) meel

25 g gemalen amandelen

25 g poedersuiker (superfijn)

Voor garnering:

100g/4oz/½ kopje roomkaas

1/3 kop/2 oz/50 g poedersuiker (voor banketbakkers), gezeefd

30 ml/2 eetlepels citroensap

Klop boter en suiker samen tot licht en luchtig. Roer geleidelijk de eieren erdoor en roer dan het sinaasappelsap en de schil, kruiden en wortelen erdoor. Roer de bloem, amandelen en suiker erdoor. Giet in een beboterde en beklede cakevorm van 18 cm/7 en dek af met huishoudfolie (plastic folie). Magnetron op hoge stand gedurende 8 minuten tot een tandenstoker die in het midden is gestoken er schoon uitkomt. Verwijder de vershoudfolie en laat 8 minuten rusten voordat je hem uit de vorm haalt op een rooster om verder af te koelen. Klop de ingrediënten voor de vulling door elkaar en verdeel ze over de afgekoelde cake.

Wortel-, ananas- en walnotencake in de magnetron

Maakt een taart van 20 cm

225 g poedersuiker (superfijn)

2 eieren

120 ml olie

1,5 ml/¼ theelepel zout

5ml/1 theelepel zuiveringszout (zuiveringszout)

100 g zelfrijzend (zelfrijzend) meel

5 ml/1 theelepel. gemalen kaneel

6 oz/175 g wortels, geraspt

75 g walnoten, gehakt

225 g geplette ananas met sap

Voor de kers (icing):

15 g/½ oz/1 eetl. eetlepel boter of margarine

50 g roomkaas

10 ml/2 tl citroensap

Poedersuiker (zoetwaren), gezeefd

Bekleed een grote ronde pan (buispan) met bakpapier. Klop suiker, eieren en olie door elkaar. Roer voorzichtig de droge ingrediënten erdoor tot ze goed gemengd zijn. Roer de rest van de cake-ingrediënten erdoor. Giet het mengsel in de voorbereide pan, plaats op een rooster of omgekeerd bord en magnetron op hoog vermogen gedurende 13 minuten of tot het net is uitgehard. Laat 5 minuten staan, stort dan op een rooster om af te koelen.

Bereid ondertussen het glazuur voor. Doe boter of margarine, roomkaas en citroensap in een kom en zet de magnetron 30-40 seconden op de hoogste stand. Roer geleidelijk genoeg poedersuiker erdoor tot een dikke consistentie en klop tot een luchtig geheel. Als de cake is afgekoeld, verdeel je deze over het glazuur.

Pittige zemelenkoekjes in de magnetron

Geef 15

75 g All Bran-ontbijtgranen

250 ml melk

175 g/6 oz/1½ kopje bloem (voor alle doeleinden)

75 g poedersuiker (superfijn)

10ml/2 theelepel bakpoeder

10ml/2 eetl. gemalen specerijen (appeltaart)

Een snufje zout

60 ml/4 theelepels eetlepel golden syrup (lichte mais)

45 ml/3 eetlepels olie

1 ei, licht losgeklopt

75 g rozijnen

15 ml / 1 el geraspte sinaasappelschil

Week de ontbijtgranen 10 minuten in melk. Meng bloem, suiker, bakpoeder, gemengde kruiden en zout en roer dit door de ontbijtgranen. Roer de siroop, olie, ei, rozijnen en sinaasappelrasp erdoor. Giet in papieren vormpjes (cupcakepapier) en magnetron vijf cakes tegelijk op hoog vermogen gedurende 4 minuten. Herhaal dit voor de overige taarten.

Magnetron Passievrucht Banaan Cheesecake

Maakt een taart van 23 cm

100 g boter of margarine, gesmolten

175 g gemberkoekjeskruimels

250 g / 9 oz / royale 1 kopje roomkaas

6 fl oz/¾ kopje zoetzure room

2 eieren, licht losgeklopt

100 g poedersuiker (superfijn)

Geraspte schil en sap van 1 citroen

¼ pt/2/3 kop/150 ml slagroom

1 banaan, in plakjes

1 passievrucht, gehakt

Combineer boter of margarine en koekjeskruimels en druk op de bodem en zijkanten van een magnetronbestendige taartvorm van 9 inch/23 cm. Magnetron op hoog vermogen gedurende 1 minuut. Laten afkoelen.

Klop roomkaas en zure room tot een gladde massa en roer dan het ei, de suiker en het citroensap en de schil erdoor. Giet in de bodem en verdeel gelijkmatig. Kook op middelhoog vuur gedurende 8 minuten. Laten afkoelen.

Klop de slagroom stijf en verdeel deze over de vorm. Garneer met plakjes banaan en giet het vruchtvlees van de passievrucht erover.

Sinaasappel Cheesecake In De Magnetron

Maakt een taart van 20 cm

2 oz/¼ kop/50 g boter of margarine

12 digestieve koekjes (graham crackers), geplet

100 g poedersuiker (superfijn)

225 g/8 oz/1 kopje roomkaas

2 eieren

30 ml/2 el geconcentreerd sinaasappelsap

15 ml / 1 el citroensap

150 ml zure room (zuivel)

Een snufje zout

1 sinaasappel

30 ml/2 el abrikozenjam (winkel)

¼ pt/2/3 kop/150 ml slagroom (zwaar)

Smelt boter of margarine in een braadpan van 8 inch/20 cm in de magnetron op hoog vermogen gedurende 1 minuut. Roer de koekkruimels en 25 g suiker erdoor en druk op de bodem en zijkanten van de schaal. Klop de kaas romig met de resterende suiker en eieren, roer dan het sinaasappel- en citroensap, de zure room en het zout erdoor. Giet in de schaal (schaal) en magnetron op hoog vermogen gedurende 2 minuten. Laat 2 minuten staan, en magnetron dan nog eens 2 minuten op hoog vermogen. Laat 1 minuut staan, dan magnetron op hoog vermogen gedurende 1 minuut. Laten afkoelen.

Schil de sinaasappel en haal met een scherp mes de partjes uit het vlies. Smelt de jam en bestrijk de bovenkant van de cheesecake. Klop de slagroom en bekleed de rand van de cheesecake en versier met de partjes sinaasappel.

Magnetron Ananas Cheesecake

Maakt een taart van 23 cm

100 g boter of margarine, gesmolten

175 g/6 oz/1½ kopjes digestieve koekjeskruimels (graham crackers)

250 g / 9 oz / royale 1 kopje roomkaas

2 eieren, licht losgeklopt

5 ml/1 theelepel. geraspte citroenschil

30 ml/2 eetlepels citroensap

75 g poedersuiker (superfijn)

14 oz/1 grote blik ananas, uitgelekt en gepureerd

¼ pt/2/3 kop/150 ml slagroom (zwaar)

Combineer boter of margarine en koekjeskruimels en druk op de bodem en zijkanten van een magnetronbestendige taartvorm van 9 inch/23 cm. Magnetron op hoog vermogen gedurende 1 minuut. Laten afkoelen.

> Klop roomkaas, eieren, citroenschil en -sap en suiker tot een gladde massa. Roer de ananas erdoor en giet in de bodem. Magnetron op middelhoog vermogen gedurende 6 minuten tot stevig. Laten afkoelen.

Klop de slagroom stijf en schep hem dan bovenop de cheesecake.

Magnetron Walnoot Kersenbrood

Maakt een brood van 900 g/2 lb

6 oz/¾ kop/175 g boter of margarine, verzacht

175 g zachte bruine suiker

3 losgeklopte eieren

225 g/8 oz/2 kopjes bloem (voor alle doeleinden)

10ml/2 theelepel bakpoeder

Een snufje zout

45 ml/3 eetlepels melk

75 g geglazuurde kersen (gekonfijt)

75 g gehakte gemengde noten

1 oz/3 el/25 g poedersuiker (banketbakker), gezeefd

Klop de boter of margarine en bruine suiker tot een licht en luchtig geheel. Roer geleidelijk de eieren erdoor en roer dan de bloem, het bakpoeder en het zout erdoor. Roer voldoende melk erdoor om een zachte consistentie te krijgen en roer dan de kersen en noten erdoor. Giet in een ingevette en met bakpapier beklede magnetronbestendige broodvorm van 900 g en bestrooi met suiker. Magnetron op hoog vermogen gedurende 7 minuten. Laat 5 minuten staan, stort dan op een rooster om af te koelen.

magnetron chocoladetaart

Maakt een cake van 7"/18 cm

8 oz/1 kop boter of margarine, verzacht

175 g poedersuiker (superfijn)

150 g zelfrijzend bakmeel (zelfrijzend)

50 g cacaopoeder (ongezoete chocolade).

5ml/1 theelepel bakpoeder

3 losgeklopte eieren

45 ml/3 eetlepels melk

Combineer alle ingrediënten en giet in een ingevette en beklede magnetronschaal van 7 cm/7 cm. Magnetron op hoog vermogen gedurende 9 minuten tot stevig aanvoelt. Laat 5 minuten in de vorm afkoelen en stort dan op een rooster om af te koelen.

Magnetron Chocolade Amandelcake

Maakt een taart van 20 cm

Voor de taart:

100 g boter of margarine, verzacht

100 g poedersuiker (superfijn)

2 eieren, licht losgeklopt

100 g zelfrijzend (zelfrijzend) meel

50 g cacaopoeder (ongezoete chocolade).

50 g gemalen amandelen

150 ml melk

60 ml/4 theelepels eetlepel golden syrup (lichte mais)

Voor de kers (icing):

100 g pure chocolade (halfzoet)

25 g boter of margarine

8 hele amandelen

Klop voor de cake de boter of margarine en de suiker licht en luchtig. Voeg geleidelijk de eieren toe, vervolgens de bloem en de cacao en vervolgens de gemalen amandelen. Voeg melk en siroop toe en klop tot het licht en luchtig is. Giet in een magnetronbestendige schaal van 8 inch/20 cm bekleed met huishoudfolie (plasticfolie) en magnetron op hoog vermogen gedurende 4 minuten. Haal uit de oven, bedek de bovenkant met folie en laat iets afkoelen, en stort dan op een rooster om af te koelen.

Smelt chocolade en boter of margarine gedurende 2 minuten op de hoogste stand om glazuur te maken. Klop goed. Doop de amandelen voor de helft in de chocolade en laat ze rusten op een vel bakpapier (met was behandeld). Giet de resterende frosting over de cake en verdeel het over de bovenkant en zijkanten. Versier met de amandelen en laat rusten.

Magnetron Dubbele Chocolade Brownies

Geef 8

1¼ kopjes / 5 oz / 150 g pure chocolade (halfzoet), grof gehakt

75 g boter of margarine

175 g zachte bruine suiker

2 eieren, licht losgeklopt

150 g bloem (voor alle doeleinden)

2,5 ml/½ theelepel bakpoeder

2,5 ml/½ tl vanille-essence (extract)

30 ml/2 eetlepels melk

Smelt ½ kopje/2 oz/50 g chocolade met boter of margarine op hoog vuur gedurende 2 minuten. Roer de suiker en de eieren erdoor en roer dan de bloem, het bakpoeder, de vanille-essence en de melk erdoor tot een gladde massa. Giet in een ingevette vierkante magnetronbestendige schaal van 8 inch/20 cm en zet de magnetron op de hoogste stand gedurende 7 minuten. Laat 10 minuten afkoelen in de vorm. Smelt de resterende chocolade gedurende 1 minuut op de hoogste stand, verdeel het over de cake en laat afkoelen. Snijd in vierkanten.

Chocoladerepen met dadels voor in de magnetron

Geef 8

2 oz / 1/3 kopje ontpitte dadels (ontpit), gehakt

60 ml/4 eetlepels kokend water

2½ oz/65 g 1/3 kop boter of margarine, verzacht

225 g poedersuiker (superfijn)

1 ei

100 g bloem (voor alle doeleinden)

10ml/2 eetl. cacaopoeder (ongezoete chocolade)

2,5 ml/½ theelepel bakpoeder

Een snufje zout

25 g gehakte gemengde noten

100 g pure (halfzoete) chocolade, fijngehakt

Meng dadels met kokend water en laat afkoelen. Klop de boter of margarine samen met de helft van de suiker licht en luchtig. Roer geleidelijk het ei erdoor en roer dan afwisselend de bloem, cacao, bakpoeder en zout en het dadelmengsel erdoor. Giet in een vierkante magnetronschaal met een diameter van 20 cm, beboterd en bebloemd. Meng de resterende suiker met de noten en chocolade en strooi erover, licht aandrukkend. Magnetron op hoog vermogen gedurende 8 minuten. Laat afkoelen in de schaal alvorens in vierkanten te snijden.

magnetron chocolade vierkanten

Geeft 16

Voor de taart:

2 oz/¼ kop/50 g boter of margarine

5 ml/1 theelepel. poedersuiker (superfijn)

75 g bloem (voor alle doeleinden)

1 eigeel

15 ml/1 el water

175 g pure (halfzoete) chocolade, geraspt of fijngehakt

Voor garnering:

50 g boter of margarine

50 g basterdsuiker (superfijn)

1 ei

2,5 ml/½ tl vanille-essence (extract)

100 g walnoten, gehakt

Om de cake te maken, maakt u de boter of margarine zacht en mengt u de suiker, bloem, eidooier en water erdoor. Verdeel het mengsel gelijkmatig in een vierkante magnetronbestendige schaal van 8 inch/20 cm en zet de magnetron gedurende 2 minuten op de hoogste stand. Strooi over chocolade en magnetron op hoog gedurende 1 minuut. Verdeel gelijkmatig over de bodem en laat uitharden.

Om de vulling te maken verwarm je de boter of margarine 30 seconden in de magnetron op de hoogste stand. Roer de resterende ingrediënten voor de topping erdoor en verdeel over de chocolade. Magnetron op hoog vermogen gedurende 5 minuten. Laat afkoelen en snij dan in vierkanten.

Snelle koffiecake in de magnetron

Maakt een taart van 7"/19 cm

Voor de taart:

8 oz/1 kop boter of margarine, verzacht

225 g poedersuiker (superfijn)

225 g zelfrijzend bakmeel (zelfrijzend)

5 eieren

45 ml/3 el koffie-essence (extract)

Voor de kers (icing):

30 ml/2 el koffie-essence (extract)

175 g boter of margarine

Poedersuiker (zoetwaren), gezeefd

Walnoothelften om te garneren

Combineer alle cake-ingrediënten tot ze goed gemengd zijn. Verdeel over twee magnetron-taartvormen van 7 cm/19 cm en zet ze elk 5-6 minuten in de magnetron op de hoogste stand. Haal uit de magnetron en laat afkoelen.

Meng de ingrediënten voor het glazuur, zoet naar smaak met poedersuiker. Eenmaal afgekoeld, beleg de cakes met de helft van het glazuur en verdeel de rest erover. Versier met halve walnoten.

Magnetron kersttaart

Maakt een taart van 23 cm

2/3 kop / 5 oz / 150 g boter of margarine, verzacht

2/3 kop / 5 oz / 150 g zachte bruine suiker

3 eieren

30 ml/2 eetlepels stroopmelasse (melasse)

225 g zelfrijzend bakmeel (zelfrijzend)

10ml/2 eetl. gemalen specerijen (appeltaart)

2. 5 ml/½ theelepel. geraspte nootmuskaat

2,5 ml/½ theelepel zuiveringszout (zuiveringszout)

450 g/1 lb/22/3 kopjes gemengd gedroogd fruit (fruitcake mix)

50 g geglaceerde kersen (gekonfijt)

2 oz/50 g/1/3 kop gehakte gemengde schil

50 g gehakte gemengde noten

30 ml/2 eetlepels cognac

Extra cognac om de cake te laten rijpen (optioneel)

Klop de boter of margarine en de suiker tot een licht en luchtig geheel. Klop geleidelijk de eieren en melasse erdoor en roer dan de bloem, kruiden en bakpoeder erdoor. Roer voorzichtig het fruit, de schil en de noten erdoor en roer dan de cognac erdoor. Giet in een magnetronovenbestendige schaal van 9 cm/23 cm en magnetron op laag vermogen gedurende 45 tot 60 minuten. Laat 15 minuten afkoelen in de vorm voordat je hem uit de vorm haalt op een rooster om verder af te koelen.

Eenmaal afgekoeld de cake in folie wikkelen en 2 weken op een koele, donkere plaats bewaren. Prik desgewenst meerdere keren in de bovenkant van de cake met een dunne spies en besprenkel met een beetje extra cognac, wikkel de cake opnieuw in en bewaar hem. Je kunt dit meerdere keren doen om een rijkere cake te maken.

Magnetron Kruimeltaart

Maakt een taart van 20 cm

10 oz/300 g/1¼ kopjes poedersuiker (superfijn)

225 g/8 oz/2 kopjes bloem (voor alle doeleinden)

10ml/2 theelepel bakpoeder

5 ml/1 theelepel. gemalen kaneel

100 g boter of margarine, verzacht

2 eieren, licht losgeklopt

3½ fl oz/6½ theelepel/100 ml melk

Combineer suiker, bloem, bakpoeder en kaneel. Verwerk de boter of margarine en bewaar een kwart van het mengsel. Combineer eieren en melk en klop in een groter deel van de cakemix. Giet het mengsel in een ingevette en met bloem bestoven magnetronschaal van 8/20 cm en besprenkel met het achtergehouden kruimelmengsel. Magnetron op hoog vermogen gedurende 10 minuten. Laat afkoelen in de schaal.

magnetron datum bars

Geef 12

150 g zelfrijzend bakmeel (zelfrijzend)

175 g poedersuiker (superfijn)

100 g gedroogde kokosnoot (geraspt)

2/3 kopjes/100 g ontpitte dadels, gehakt

50 g gehakte gemengde noten

100 g boter of margarine, gesmolten

1 ei, licht losgeklopt

Poedersuiker (voor zoetwaren) om te bestrooien

Meng de droge ingrediënten door elkaar. Voeg de boter of margarine en het ei toe en meng tot een stevig deeg. Druk op de bodem van een magnetronbestendige vierkante schaal van 8 inch/20 cm en magnetron op middelhoog vermogen gedurende 8 minuten, tot het net stevig is. Laat 10 minuten in de schaal rusten, snijd in repen en ontvorm ze op een rooster om verder af te koelen.

Vijgenbrood in de magnetron

Maakt een brood van 675 g

100 g zemelen

50 g zachte bruine suiker

45 ml/3 el heldere honing

2/3 kopje/100 g gedroogde vijgen, gehakt

50 g hazelnoten, gehakt

300 ml melk

100 g volkorenmeel (volkoren)

10ml/2 theelepel bakpoeder

Een snufje zout

Meng alle ingrediënten tot een stevige pasta. Vorm een cakevorm in de magnetron en egaliseer het oppervlak. Magnetron op hoog gedurende 7 minuten. Laat 10 minuten in de vorm afkoelen en stort dan op een rooster om af te koelen.

Fruitcake uit de magnetron

Maakt een cake van 7"/18 cm

6 oz/¾ kop/175 g boter of margarine, verzacht

175 g poedersuiker (superfijn)

Geraspte schil van 1 citroen

3 losgeklopte eieren

225 g/8 oz/2 kopjes bloem (voor alle doeleinden)

5 ml/1 theelepel. gemalen specerijen (appeltaart)

8 oz/11/3 kopjes rozijnen

225 g/8 oz/11/3 kopjes rozijnen (gouden rozijnen)

50 g geglaceerde kersen (gekonfijt)

50 g gehakte gemengde noten

15ml/1 theelepel eetlepel golden syrup (lichte mais)

45 ml/3 eetl. cognac

Klop de boter of margarine en de suiker tot een licht en luchtig geheel. Roer de citroenschil erdoor en voeg geleidelijk de eieren toe. Roer de bloem en gemengde kruiden erdoor en roer dan de resterende ingrediënten erdoor. Giet in een ingevette en beklede ronde magnetronschaal van 7 cm/18 cm en magnetron op laag vermogen gedurende 35 minuten tot een tandenstoker die in het midden is gestoken er schoon uitkomt. Laat 10 minuten in de vorm afkoelen en stort dan op een rooster om af te koelen.

Magnetron Kokosnoot Fruit Vierkantjes

Geef 8

2 oz/¼ kop/50 g boter of margarine

9 digestieve koekjes (graham crackers), geplet

50 g gedroogde kokosnoot (geraspt)

2/3 kop / 100 g gemengde (gekonfijte) schors, gehakt

2 oz / 1/3 kopje ontpitte dadels (ontpit), gehakt

15ml/1 theelepel eetlepel bloem (voor alle doeleinden)

25 g/1 oz/2 eetl. eetlepels geglaceerde kersen (gekonfijt), gehakt

100 g walnoten, gehakt

150 ml gecondenseerde melk

Smelt boter of margarine in een vierkante magnetron van 8 inch/20 cm op High gedurende 40 seconden. Roer de koekjeskruimels erdoor en verdeel gelijkmatig over de bodem van de schaal. Bestrooi met kokosnoot en vervolgens met gemengde schors. Meng dadels met bloem, kersen en noten en strooi erover, giet dan over melk. Magnetron op hoog vermogen gedurende 8 minuten. Laat afkoelen in de schaal en snijd in vierkanten.

Magnetron fudge cake

Maakt een taart van 20 cm

150 g bloem (voor alle doeleinden)

5ml/1 theelepel bakpoeder

Een snufje zuiveringszout (baking soda)

Een snufje zout

10 oz/300 g/1¼ kopjes poedersuiker (superfijn)

2 oz/¼ kopje/50 g boter of margarine, verzacht

250 ml melk

Enkele druppels vanille-essence (extract)

1 ei

100 g pure (halfzoete) chocolade, fijngehakt

50 g gehakte gemengde noten

Chocoladesuikerglazuur

Meng bloem, bakpoeder, bakpoeder en zout. Roer de suiker erdoor en roer dan boter of margarine, melk en vanille-essence erdoor tot een gladde massa. Klop het ei los. Verwarm driekwart van de chocolade op Hoog gedurende 2 minuten tot het gesmolten is en roer dan door het cakemengsel tot het romig is. Roer de noten erdoor. Verdeel het mengsel over twee ingevette en met bloem bestoven magnetronschaaltjes van 8/20 cm en zet ze elk afzonderlijk 8 minuten in de magnetron. Haal uit de oven, dek af met aluminiumfolie en laat 10 minuten afkoelen, en stort dan op een rooster om af te koelen. Sandwich met de helft van de buttercream icing (icing), verdeel de resterende icing erover en decoreer met de gereserveerde chocolade.

Magnetron peperkoek

Maakt een taart van 20 cm

2 oz/¼ kop/50 g boter of margarine

75 g/3 oz/¼ kopje stroopmelasse (melasse)

15 ml/1 el basterdsuiker (superfijn)

100 g bloem (voor alle doeleinden)

5 ml/1 theelepel. gemalen gember

2,5 ml/½ theelepel. gemalen specerijen (appeltaart)

2,5 ml/½ theelepel zuiveringszout (zuiveringszout)

1 losgeklopt ei

Doe boter of margarine in een kom en zet de magnetron 30 seconden op de hoogste stand. Roer de melasse en suiker erdoor en zet de magnetron 1 minuut op hoog vuur. Roer de bloem, kruiden en bakpoeder erdoor. Klop het ei los. Giet het mengsel in een ingevette schaal van 1,5 liter/2½ liter/6 kopjes en zet de magnetron gedurende 4 minuten op de hoogste stand. Laat 5 minuten in de vorm afkoelen en stort dan op een rooster om af te koelen.

magnetron gember repen

Geef 12

Voor de taart:

2/3 kop / 5 oz / 150 g boter of margarine, verzacht

50 g basterdsuiker (superfijn)

100 g bloem (voor alle doeleinden)

2,5 ml/½ theelepel bakpoeder

5 ml/1 theelepel. gemalen gember

Voor garnering:

15 g/½ oz/1 eetl. eetlepel boter of margarine

15ml/1 theelepel eetlepel golden syrup (lichte mais)

Enkele druppels vanille-essence (extract)

5 ml/1 theelepel. gemalen gember

50g/2oz/1/3 kopje poedersuiker

Klop voor de cake de boter of margarine en de suiker licht en luchtig. Voeg de bloem, bakpoeder en gember toe en meng tot een gladde pasta. Druk in een vierkante magnetronbestendige schaal van 8 inch/20 cm en magnetron op middelhoog vermogen gedurende 6 minuten, tot het net stevig is.

Smelt voor de vulling de boter of margarine en de siroop. Voeg de vanille-essence, gember en poedersuiker toe en klop tot een dikke massa. Verdeel gelijkmatig over hete cake. Laat afkoelen in de schaal en snij in repen of vierkanten.

Magnetron gouden cake

Maakt een taart van 20 cm

Voor de taart:

100 g boter of margarine, verzacht

100 g poedersuiker (superfijn)

2 eieren, licht losgeklopt

Enkele druppels vanille-essence (extract)

225 g/8 oz/2 kopjes bloem (voor alle doeleinden)

10ml/2 theelepel bakpoeder

Een snufje zout

60 ml/4 eetlepels melk

Voor de kers (icing):

2 oz/¼ kopje/50 g boter of margarine, verzacht

100 g/4 oz/2/3 kopje poedersuiker (kandijsuiker).

Enkele druppels vanille-essence (extract) (optioneel)

Klop voor de cake de boter of margarine en de suiker licht en luchtig. Roer geleidelijk de eieren erdoor en roer dan de bloem, het bakpoeder en het zout erdoor. Roer voldoende melk erdoor om een zachte, vallende consistentie te verkrijgen. Verdeel over twee ingevette en met bloem bestoven 8/20 cm magnetronbestendige schalen en bak elke cake apart op High gedurende 6 minuten. Haal uit de oven, dek af met aluminiumfolie en laat 5 minuten afkoelen, stort dan op een rooster om af te koelen.

Klop voor het glazuur de boter of margarine zacht en voeg eventueel de poedersuiker en vanille-essence toe. Sandwich de cakes met de helft van het glazuur en verdeel de rest erover.

Honing-hazelnootcake in de magnetron

Maakt een cake van 7"/18 cm

2/3 kop / 5 oz / 150 g boter of margarine, verzacht

100 g/4 oz/½ kopje zachte bruine suiker

45 ml/3 el heldere honing

3 losgeklopte eieren

225 g zelfrijzend bakmeel (zelfrijzend)

100 g gemalen hazelnoten

45 ml/3 eetlepels melk

botercreme glazuur

Roer de boter of margarine, suiker en honing tot een licht en luchtig geheel. Klop geleidelijk de eieren erdoor en roer dan de bloem en hazelnoten erdoor en voldoende melk om een zachte consistentie te krijgen. Giet in een magnetronschaal van 7 cm/18 cm en kook op middelhoog vuur gedurende 7 minuten. Laat 5 minuten in de vorm afkoelen en stort dan op een rooster om af te koelen. Snijd de cake horizontaal doormidden, daarna de boterham met de buttercream icing (icing).

Chewy repen met muesli in de magnetron

Maakt ongeveer 10

100 g boter of margarine

175 g/6 oz/½ kopje heldere honing

2 oz / 1/3 kop kant-en-klare gedroogde abrikozen, gehakt

2 oz / 1/3 kopje ontpitte dadels (ontpit), gehakt

75 g gehakte gemengde noten

100 g gerolde haver

100 g/4 oz/½ kopje zachte bruine suiker

1 losgeklopt ei

25 g / 1 oz / 2 el zelfrijzend bakmeel (zelfrijzend)

Doe boter of margarine en honing in een kom en kook op hoog vuur gedurende 2 minuten. Meng alle resterende ingrediënten. Giet in een magnetronschaal van 8 inch/20 cm en magnetron op hoog vermogen gedurende 8 minuten. Laat iets afkoelen en snij dan in vierkanten of plakjes.

magnetron notencake

Maakt een taart van 20 cm

150 g bloem (voor alle doeleinden)

Een snufje zout

5 ml/1 theelepel. gemalen kaneel

75 g zachte bruine suiker

75 g poedersuiker (superfijn)

75ml/5 eetlepels olie

1 oz/¼ kopje walnoten, gehakt

5ml/1 theelepel bakpoeder

2,5 ml/½ theelepel zuiveringszout (zuiveringszout)

1 ei

150 ml kwark

Meng de bloem, het zout en de helft van de kaneel. Roer de suikers erdoor en roer dan de olie erdoor tot alles goed gemengd is. Schep 6 el/90 ml van het mengsel en roer er de resterende walnoten en kaneel door. Voeg bakpoeder, baking soda, ei en melk toe aan de massa van het mengsel en klop tot een gladde massa. Giet het hoofdmengsel in een ingevette en met bloem bestoven magnetronschaal van 8/20 cm en strooi het notenmengsel erover. Magnetron op hoog vermogen gedurende 8 minuten. Laat 10 minuten in de schaal afkoelen en serveer warm.

Sinaasappelsapcake uit de magnetron

Maakt een taart van 20 cm

2¼ kopjes / 9 oz / 250 g bloem (voor alle doeleinden)

225 g kristalsuiker

15 ml/1 el bakpoeder

2,5 ml/½ theelepel zout

60 ml/4 eetlepels olie

250 ml sinaasappelsap

2 eieren, gescheiden

100 g poedersuiker (superfijn)

Sinaasappelboter Glazuur

Oranje glazuur

Meng bloem, kristalsuiker, bakpoeder, zout, olie en de helft van het sinaasappelsap en klop tot alles goed gemengd is. Klop de eierdooiers en het resterende sinaasappelsap licht en zacht. Klop de eiwitten stijf, voeg dan de helft van de poedersuiker toe en klop dik en glanzend. Roer de resterende suiker erdoor en spatel de eiwitten door het cakebeslag. Verdeel over twee ingevette en met bloem bestoven magnetronbestendige schalen van 8/20 cm en magnetron elk apart op High gedurende 6-8 minuten. Haal uit de oven, dek af met aluminiumfolie en laat 5 minuten afkoelen, stort dan op een rooster om af te koelen.

Pavlova in de magnetron

Maakt een taart van 23 cm

4 eiwitten

225 g poedersuiker (superfijn)

2,5 ml/½ tl vanille-essence (extract)

Een paar druppels wijnazijn

¼ pt/2/3 kop/150 ml slagroom

1 kiwi, in plakjes

100 g aardbeien, in plakjes

Klop de eiwitten tot ze zachte pieken vormen. Bestrooi met de helft van de suiker en klop goed. Voeg geleidelijk de resterende suiker, vanille-essence en azijn toe en klop tot ze zijn opgelost. Spreid het mengsel uit in een cirkel van 23 cm doorsnee op een vel bakpapier. Magnetron op hoog vermogen gedurende 2 minuten. Laat 10 minuten in de magnetron staan met de deur open. Haal uit de oven, scheur het bakpapier eraf en laat afkoelen. Klop de slagroom stijf en verdeel deze over de meringue. Verdeel het fruit er mooi over.

magnetron shortcake

Maakt een taart van 20 cm

225 g/8 oz/2 kopjes bloem (voor alle doeleinden)

15 ml/1 el bakpoeder

50 g basterdsuiker (superfijn)

100 g boter of margarine

75 ml/5 eetl. eetlepel slagroom (light)

1 ei

Meng bloem, bakpoeder en suiker en roer de boter of margarine erdoor tot het mengsel op broodkruimels lijkt. Combineer de room en het ei en spatel het door het bloemmengsel tot er een zacht deeg ontstaat. Druk in een ingevette magnetronschaal van 8 inch/20 cm en zet de magnetron op High gedurende 6 minuten. Laat 4 minuten rusten, haal uit de vorm en laat verder afkoelen op een rooster.

Magnetron Strawberry Shortcake

Maakt een taart van 20 cm

900 g aardbeien, in dikke plakken

225 g poedersuiker (superfijn)

225 g/8 oz/2 kopjes bloem (voor alle doeleinden)

15 ml/1 el bakpoeder

175 g boter of margarine

75 ml/5 eetl. eetlepel slagroom (light)

1 ei

¼ pt/2/3 kop/150 ml dubbele (zware) room, opgeklopt

Gooi aardbeien met ¾ kopje / 6 oz / 175 g suiker en zet ze minstens 1 uur in de koelkast.

Combineer bloem, bakpoeder en resterende suiker, roer dan ½ kopje / 4 oz / 100 g boter of margarine erdoor tot het mengsel op broodkruimels lijkt. Meng de room en het ei en spatel dit door het bloemmengsel tot er een zacht deeg ontstaat. Druk in een ingevette magnetronschaal van 8 inch/20 cm en zet de magnetron op High gedurende 6 minuten. Laat 4 minuten rusten, haal dan uit de vorm en splijt in het midden terwijl het nog warm is. Laten afkoelen.

Smeer beide snijvlakken in met de resterende boter of margarine. Smeer een derde van de slagroom op de bodem en bedek met driekwart van de aardbeien. Bedek met nog een derde van de room en plaats dan de tweede zandkoek erop. Garneer met de resterende room en aardbeien.

Magnetronbiscuit

Maakt een cake van 7"/18 cm

150 g zelfrijzend bakmeel (zelfrijzend)

100 g boter of margarine

100 g poedersuiker (superfijn)

2 eieren

30 ml/2 eetlepels melk

Klop alle ingrediënten samen tot een gladde massa. Giet in een met magnetron beklede schaal van 7 cm/18 cm en magnetron op middelhoog vermogen gedurende 6 minuten. Laat 5 minuten in de vorm afkoelen en stort dan op een rooster om af te koelen.

Sultana-repen in de magnetron

Geef 12

175 g boter of margarine

100 g poedersuiker (superfijn)

15ml/1 theelepel eetlepel golden syrup (lichte mais)

75 g rozijnen (golden rozijnen)

5 ml/1 theelepel. geraspte citroenschil

225 g zelfrijzend bakmeel (zelfrijzend)

                    Voor de kers (icing):

175g/6oz/1 kopje poedersuiker

30 ml/2 eetlepels citroensap

Magnetron boter of margarine, poedersuiker en siroop op middelhoog vermogen gedurende 2 minuten. Roer de rozijnen en de citroenrasp erdoor. Roer de bloem erdoor. Giet in een ingevette en beklede magnetronbestendige vierkante schaal van 20 cm/8 inch en magnetron op middelhoog vermogen gedurende 8 minuten, tot het net gestold is. Laat iets afkoelen.

Doe de poedersuiker in een kom en maak een kuiltje in het midden. Voeg geleidelijk het citroensap toe om een glad glazuur te krijgen. Verdeel over de nog warme cake en laat volledig afkoelen.

Magnetron Chocolade Koekjes

Geef 24

8 oz/1 kop boter of margarine, verzacht

100 g donkerbruine suiker

5 ml/1 theelepel vanille-essence (extract)

225 g zelfrijzend bakmeel (zelfrijzend)

50 g/2 oz/½ kopje chocolademelkpoeder

Roer de boter, suiker en vanille-essence tot licht en luchtig. Voeg geleidelijk bloem en chocolade toe en meng tot een gladde massa. Vorm balletjes ter grootte van een walnoot, leg er zes per keer op een ingevette magnetronbestendige (koekjes) bakplaat en druk ze iets plat met een vork. Verwarm elke batch 2 minuten op hoog vuur, totdat alle koekjes gaar zijn. Op rooster laten afkoelen.

Magnetron Kokoskoekjes

Geef 24

2 oz/¼ kopje/50 g boter of margarine, verzacht

75 g poedersuiker (superfijn)

1 ei, licht losgeklopt

2,5 ml/½ tl vanille-essence (extract)

75 g bloem (voor alle doeleinden)

25 g gedroogde kokosnoot (geraspt)

Een snufje zout

30 ml/2 eetl. eetlepels aardbeienjam (bewaren)

Klop boter of margarine en suiker tot een licht en luchtig geheel. Voeg ei en vanille-essence afwisselend met bloem, kokosnoot en zout toe en meng tot een gladde massa. Vorm balletjes ter grootte van een walnoot en leg er zes per keer op een ingevette magnetronbestendige bakplaat, en druk ze lichtjes aan met een vork om ze iets plat te maken. Magnetron op hoog vermogen gedurende 3 minuten tot het net stevig is. Breng over naar een rek en plaats een lepel jam in het midden van elk koekje. Herhaal met de overige koekjes.

Florentijnen in de magnetron

Geef 12

2 oz/¼ kop/50 g boter of margarine

50 g/2 oz/¼ kopje demerara suiker

15ml/1 theelepel eetlepel golden syrup (lichte mais)

50 g geglaceerde kersen (gekonfijt)

75 g walnoten, gehakt

25 g / 1 oz / 3 eetl. eetlepels rozijnen (goudrozijnen)

1 oz / ¼ kopje geschaafde amandelen (gehakt)

30 ml/2 eetl. eetlepels gehakte gemengde (gekonfijte) schors

25 g bloem (voor alle doeleinden)

100 g pure (halfzoete) chocolade, gehakt (optioneel)

Verhit boter of margarine, suiker en siroop op hoog vuur gedurende 1 minuut tot het gesmolten is. Roer de kersen, walnoten, rozijnen en amandelen erdoor en roer dan de gecombineerde schil en bloem erdoor. Plaats theelepels van het mengsel, goed uit elkaar geplaatst, op perkamentpapier (vetvrij) en kook vier tegelijk op hoog vermogen gedurende 1,5 minuut per batch. Maak de randen schoon met een mes, laat 3 minuten afkoelen op het papier en leg ze dan op een rooster om af te koelen. Herhaal met de overige koekjes. Smelt desgewenst de chocolade in een kom gedurende 30 seconden en verdeel het over een kant van de florentines en zet opzij.

Magnetron hazelnoot- en kersenkoekjes

Geef 24

100 g boter of margarine, verzacht

100 g poedersuiker (superfijn)

1 losgeklopt ei

175 g/6 oz/1½ kopje bloem (voor alle doeleinden)

50 g gemalen hazelnoten

100 g geglaceerde kersen (gekonfijt)

Klop de boter of margarine en de suiker tot een licht en luchtig geheel. Voeg geleidelijk het ei toe en voeg dan de bloem, hazelnoten en kersen toe. Plaats goed verdeelde lepels op de magnetron (koekjes) bakplaten en magnetron acht koekjes (koekjes) tegelijk op hoog vermogen gedurende ongeveer 2 minuten tot ze net stevig zijn.

Sultana-koekjes in de magnetron

Geef 24

225 g/8 oz/2 kopjes bloem (voor alle doeleinden)

5 ml/1 theelepel. gemalen specerijen (appeltaart)

6 oz/¾ kop/175 g boter of margarine, verzacht

100 g rozijnen (goudrozijnen)

175 g demerara-suiker

Combineer bloem en gemengde kruiden, roer er boter of margarine, rozijnen en 100 g suiker door om een zacht deeg te maken. Vorm twee worstjes van ongeveer 18 cm lang en rol ze door de resterende suiker. Snijd in plakjes en leg ze met zes tegelijk op een ingevette magnetronbestendige (koekjes) bakplaat en magnetron op High gedurende 2 minuten. Laat afkoelen op een rooster en herhaal met de overige koekjes (koekjes).

Bananenbrood in de magnetron

Maakt een brood van 450 g/1 lb

75 g boter of margarine, verzacht

175 g poedersuiker (superfijn)

2 eieren, licht losgeklopt

200 g bloem (voor alle doeleinden)

10ml/2 theelepel bakpoeder

2,5 ml/½ theelepel zuiveringszout (zuiveringszout)

Een snufje zout

2 rijpe bananen

15 ml / 1 el citroensap

60 ml/4 eetlepels melk

50 g walnoten, gehakt

Klop de boter of margarine en de suiker tot een licht en luchtig geheel. Klop geleidelijk de eieren erdoor en roer dan de bloem, bakpoeder, bakpoeder en zout erdoor. Pureer de bananen met het citroensap en roer ze dan door het mengsel met de melk en noten. Giet in een ingevette en met bloem bestoven magnetronbakvorm (vorm) van 450 g/1 lb en zet de magnetron 12 minuten op hoge stand. Haal uit de oven, dek af met aluminiumfolie en laat 10 minuten afkoelen, en stort dan op een rooster om af te koelen.

Magnetron kaasbrood

Maakt een brood van 450 g/1 lb

2 oz/¼ kop/50 g boter of margarine

250 ml melk

2 eieren, licht losgeklopt

225 g/8 oz/2 kopjes bloem (voor alle doeleinden)

10ml/2 theelepel bakpoeder

10ml/2 tl mosterdpoeder

2,5 ml/½ theelepel zout

175 g/6 oz/1½ kopjes cheddarkaas, geraspt

Smelt boter of margarine in een kleine kom gedurende 1 minuut op de hoogste stand. Roer de melk en eieren erdoor. Meng bloem, bakpoeder, mosterd, zout en 100 g kaas. Roer het melkmengsel erdoor tot het goed gemengd is. Giet in de magnetron-broodvorm (vorm) en magnetron op hoog gedurende 9 minuten. Bestrooi met de resterende kaas, dek af met folie en laat 20 minuten staan.

magnetron notenbrood

Maakt een brood van 450 g/1 lb

225 g/8 oz/2 kopjes bloem (voor alle doeleinden)

10 oz/300 g/1¼ kopjes poedersuiker (superfijn)

5ml/1 theelepel bakpoeder

Een snufje zout

100 g boter of margarine, verzacht

150 ml melk

2,5 ml/½ tl vanille-essence (extract)

4 eiwitten

50 g walnoten, gehakt

Meng bloem, suiker, bakpoeder en zout door elkaar. Voeg de boter of margarine toe, daarna de melk en de vanille-essence. Klop de eiwitten romig en roer dan de noten erdoor. Giet in een ingevette en met bloem bestoven magnetronbakvorm (vorm) van 450 g/1 lb en zet de magnetron 12 minuten op hoge stand. Haal uit de oven, dek af met aluminiumfolie en laat 10 minuten afkoelen, en stort dan op een rooster om af te koelen.

Amaretti-cake zonder bak

Maakt een taart van 20 cm

100 g boter of margarine

175 g pure chocolade (halfzoet)

75 g Amaretti-koekjes (koekjes), grof gemalen

175 g walnoten, gehakt

50 g pijnboompitten

75 g geglaceerde kersen (gekonfijt), gehakt

30 ml/2 eetl. Grote Marnier

225 g mascarponekaas

Smelt de boter of margarine en chocolade in een hittebestendige kom boven een pan met kokend water. Haal van het vuur en roer de koekjes, noten en kersen erdoor. Giet in een sandwichvorm (schimmel) bedekt met vershoudfolie (plastic folie) en druk zachtjes aan. Zet 1 uur in de koelkast tot het is uitgehard. Stort op een serveerschaal en verwijder de huishoudfolie. Klop de Grand Marnier door de mascarpone en giet over de bodem.

Amerikaanse Krokante Rijstrepen

Maakt ongeveer 24 repen

2 oz/¼ kop/50 g boter of margarine

225 g witte marshmallows

5 ml/1 theelepel vanille-essence (extract)

5 oz/150 g gepofte rijstgraangewas

Smelt de boter of margarine in een grote koekenpan op laag vuur. Voeg marshmallows toe en kook, onder voortdurend roeren, tot de marshmallows zijn gesmolten en het mengsel stroperig is. Haal van het vuur en voeg de vanille-essence toe. Roer rijstgraangewas erdoor tot het gelijkmatig bedekt is. Druk in een 9-inch/23 cm vierkante pan (vorm) en snijd in repen. Laten nemen.

Abrikozen vierkantjes

Geef 12

2 oz/¼ kop/50 g boter of margarine

175 g/6 oz/1 klein blik verdampte melk

15 ml / 1 el heldere honing

45 ml/3 el appelsap

50 g zachte bruine suiker

50g/2oz/1/3 kopje rozijnen (gouden rozijnen)

8 oz / 11/3 kopjes kant-en-klare gedroogde abrikozen, gehakt

100 g gedroogde kokosnoot (geraspt)

225 g gerolde haver

Smelt de boter of margarine met de melk, honing, appelsap en suiker. Verwerk de rest van de ingrediënten. Druk in een beboterde vorm van 25 cm/12 en laat afkoelen alvorens in vierkanten te snijden.

Abrikozen rolcake

Maakt een taart van 23 cm

14 oz/400 g grote abrikozenhelften uit blik, uitgelekt en sap bewaard

50 g custardpoeder

75 g/3 oz/¼ kopje abrikozengelei (doorzichtige jam)

75 g/3 oz/½ kopje kant-en-klare gedroogde abrikozen, gehakt

400g/14oz/1 groot blik gecondenseerde melk

225g kwark

45 ml/3 el citroensap

1 Zwitserse rol, in plakjes

Bereid het abrikozensap met water tot 500 ml/17 fl oz/2¼ kopjes. Meng het custardpoeder tot een pasta met een beetje vloeistof en breng de rest aan de kook. Roer de banketbakkersroom en abrikozengelei erdoor en laat sudderen tot het dik en glanzend is, onder voortdurend roeren. Pureer de ingeblikte abrikozen en voeg ze toe aan het mengsel met de gedroogde abrikozen. Laat afkoelen, af en toe roeren.

Klop de gecondenseerde melk, kwark en citroensap samen tot ze goed gemengd zijn en roer dan door het geleimengsel. Bekleed een cakevorm (vorm) van 23 cm met rekfolie (plasticfolie) en leg de plakjes Swiss (jelly) roll op de bodem en zijkanten van de vorm. Giet de cakemix in en zet in de koelkast tot het stevig is. Ontvorm voorzichtig bij het serveren.

Gebroken Koekjescakes

Geef 12

100 g boter of margarine

30 ml/2 eetlepels basterdsuiker (superfijn)

15ml/1 theelepel eetlepel golden syrup (lichte mais)

30 ml/2 el cacaopoeder (ongezoete chocolade).

225 g gebroken koekjeskruimels (koekjes)

50g/2oz/1/3 kopje rozijnen (gouden rozijnen)

Smelt de boter of margarine met de suiker en siroop zonder het mengsel te laten koken. Roer de cacao, koekjes en rozijnen erdoor. Druk in een beboterde vorm van 10/25 cm, laat afkoelen en zet in de koelkast tot het stevig is. Snijd in vierkanten.

No-Bake Karnemelkcake

Maakt een taart van 23 cm

30 ml/2 el banketbakkersroom

100 g poedersuiker (superfijn)

450 ml melk

6 fl oz/¾ kopje karnemelk/175 ml

25 g boter of margarine

400 g gewone koekjes (koekjes), geplet

120 ml slagroom

Mix de banketbakkersroom en suiker tot een pasta met een beetje melk. Breng de rest van de melk aan de kook. Roer het door het beslag, doe alles terug in de pan en roer op laag vuur ongeveer 5 minuten tot het ingedikt is. Roer de karnemelk en boter of margarine erdoor. Verdeel lagen van gemalen koekjes en banketbakkersroommengsel in een taartvorm (vorm) met een diameter van 23 cm bedekt met huishoudfolie (plasticfolie) of in een glazen schaal. Druk zachtjes en zet in de koelkast tot het is uitgehard. Klop de slagroom stijf en spuit vervolgens rozetten slagroom op de taart. Serveer in de schaal of til voorzichtig op om te serveren.

Plakje kastanje

Maakt een brood van 900 g/2 lb

225 g pure chocolade (halfzoet)

100 g boter of margarine, verzacht

100 g poedersuiker (superfijn)

450 g/1 lb/1 groot blik ongezoete kastanjepuree

25 g rijstmeel

Enkele druppels vanille-essence (extract)

2/3 kop/¼ pt/150 ml slagroom, opgeklopt

Geraspte chocolade om te garneren

Smelt de pure chocolade in een hittebestendige kom boven een pan met kokend water. Klop de boter of margarine en de suiker tot een licht en luchtig geheel. Voeg de kastanjepuree, chocolade, rijstmeel en vanille-essence toe. Giet in een ingevette en met bakpapier beklede broodvorm van 900 g/2 lb en zet in de koelkast tot het stevig is. Versier voor het serveren met slagroom en geraspte chocolade.

Kastanje biscuit

Maakt een cake van 900 g/2 lb

Voor de taart:

400 g/14 oz/1 groot blik gezoete kastanjepuree

100 g boter of margarine, verzacht

1 ei

Enkele druppels vanille-essence (extract)

30 ml/2 eetlepels cognac

24 zandkoekjes (koekjes)

Voor de kers:

30 ml/2 el cacaopoeder (ongezoete chocolade).

15 ml/1 el basterdsuiker (superfijn)

30 ml/2 eetlepels water

Voor de botercrème:

100 g boter of margarine, verzacht

2/3 kop / 4 oz / 100 g poedersuiker (banketbakker), gezeefd

15 ml/1 el koffie-essence (extract)

Meng voor de cake de kastanjepuree, boter of margarine, ei, vanille-essence en 15 ml/1 eetl. cognac en klop tot een gladde massa. Beboter en bekleed een broodvorm van 900 g/2 lb en bekleed de bodem en zijkanten met lange vingers. Strooi de resterende cognac over de koekjes en giet het kastanjemengsel in het midden. Koel tot stevig.

Haal de vorm eruit en verwijder het voeringpapier. Los de ingrediënten voor het glazuur op in een hittebestendige kom boven een pan met kokend water en roer tot een gladde massa.

Laat iets afkoelen en strijk dan het grootste deel van het glazuur over de bovenkant van de cake. Roer de botercrème-ingrediënten tot een gladde massa en draai dan rond de rand van de cake. Besprenkel met gereserveerde glazuur om te eindigen.

Chocolade- en amandelrepen

Geef 12

175 g pure (halfzoete) chocolade, fijngehakt

3 eieren, gescheiden

120 ml melk

10 ml/2 tl gelatinepoeder

120 ml slagroom (dik)

45 ml/3 eetl. eetlepel poedersuiker (superfijn)

60 ml/4 theelepels eetlepels geschaafde amandelen (fijngehakt), geroosterd

Smelt de chocolade in een hittebestendige kom boven een pan met kokend water. Haal van het vuur en roer de eidooiers erdoor. Kook de melk in een aparte pan en klop de gelatine erdoor. Roer door het chocolademengsel en roer dan de room erdoor. Klop de eiwitten stijf, voeg dan de suiker toe en klop opnieuw tot ze stijf en glanzend zijn. Roer door het mengsel. Giet in een ingevette en met bakpapier beklede broodvorm van 450 g/1 lb, bestrooi met geroosterde amandelen en laat afkoelen, en zet het dan minstens 3 uur in de koelkast tot het gestold is. Omdraaien en in dikke plakken snijden om te serveren

Chocolade Krokante Taart

Maakt een brood van 450 g/1 lb

2/3 kop / 5 oz / 150 g boter of margarine

30 ml/2 eetl. eetlepel golden syrup (lichte mais)

175 g/6 oz/1½ kopjes digestieve koekjeskruimels (graham crackers)

2 oz/50 g gepofte rijstgraangewas

25 g / 1 oz / 3 eetl. eetlepels rozijnen (goudrozijnen)

25 g/1 oz/2 eetl. eetlepels geglaceerde kersen (gekonfijt), gehakt

225 g chocoladeschilfers

30 ml/2 eetlepels water

175 g poedersuiker (voor banketbakkers), gezeefd

Smelt 100 g boter of margarine met de siroop, haal van het vuur en roer de koekkruimels, ontbijtgranen, rozijnen, kersen en driekwart van de chocoladeschilfers erdoor. Giet in een ingevette en met bakpapier beklede broodvorm van 450 g/1 lb en strijk de bovenkant glad. Koel tot stevig. Smelt de rest van de boter of margarine met de rest van de chocolade en het water. Voeg de poedersuiker toe en mix tot een gladde massa. Haal de cake uit de vorm en snijd hem in de lengte doormidden. Sandwich met de helft van de chocoladeglazuur (glazuur), plaats op een serveerschaal en giet over de resterende glazuur. Koel voor het opdienen.

Vierkantjes van chocoladekruimels

Geeft ongeveer 24

225 g digestieve koekjes (graham crackers)

100 g boter of margarine

25 g poedersuiker (superfijn)

15ml/1 theelepel eetlepel golden syrup (lichte mais)

45 ml/3 el cacaopoeder (ongezoete chocolade)

200 g/7 oz/1¾ kopjes chocoladetaart couverture

Doe de koekjes in een plastic zak en plet ze met een deegroller. Smelt de boter of margarine in een steelpan en roer dan de suiker en de siroop erdoor. Haal van het vuur en roer de koekkruimels en cacao erdoor. Vorm een ingevette en beklede vierkante vorm van 18 cm/7 en druk gelijkmatig aan. Laat afkoelen en zet vervolgens in de koelkast tot het opgesteven is.

Smelt de chocolade in een hittebestendige kom boven een pan met kokend water. Verspreid over het koekje, markeer lijnen met een vork terwijl het hard wordt. Snijd in vierkanten als ze stevig zijn.

Chocoladecake in de koelkast

Maakt een cake van 450 g/1 lb

100 g/4 oz/½ kopje zachte bruine suiker

100 g boter of margarine

50 g/2 oz/½ kopje chocolademelkpoeder

25 g cacaopoeder (ongezoete chocolade).

30 ml/2 eetl. eetlepel golden syrup (lichte mais)

5 oz/150 g digestieve koekjes (graham crackers) of rijke theekoekjes

2 oz/¼ kopje/50 g geglaceerde kersen (gekonfijt) of gemengde noten en rozijnen

100g/4oz/1 kopje melkchocolade

Doe de suiker, boter of margarine, chocolademelk, cacao en siroop in een steelpan en verwarm zachtjes tot de boter is gesmolten, goed roerend. Haal van het vuur en verkruimel tot koekjes. Roer de kersen of walnoten en rozijnen erdoor en giet het in een broodvorm van 450 g/1 lb. Laat afkoelen in de koelkast.

Smelt de chocolade in een hittebestendige kom boven een pan met kokend water. Verspreid over de bovenkant van de afgekoelde cake en snij in plakjes wanneer deze is ingesteld.

Chocolade en fruitcake

Maakt een cake van 7"/18 cm

100 g boter of margarine, gesmolten

100 g/4 oz/½ kopje zachte bruine suiker

225 g/8 oz/2 kopjes digestieve koekjeskruimels (graham crackers)

50g/2oz/1/3 kopje rozijnen (gouden rozijnen)

45 ml/3 el cacaopoeder (ongezoete chocolade)

1 losgeklopt ei

Enkele druppels vanille-essence (extract)

Meng de boter of margarine en de suiker, voeg dan de rest van de ingrediënten toe en klop goed. Giet in een ingevette sandwichpan van 18 cm/7 cm en strijk het oppervlak glad. Koel tot het is ingesteld.

Chocolade Gember Vierkantjes

Geef 24

100 g boter of margarine

100 g/4 oz/½ kopje zachte bruine suiker

30 ml/2 el cacaopoeder (ongezoete chocolade).

1 ei, licht losgeklopt

2 kopjes / 8 oz / 225 g gemberkoekjeskruimels

15 ml/1 el gehakte gekonfijte (gekonfijte) gember

Smelt boter of margarine en roer dan de suiker en cacao erdoor tot het gemengd is. Roer het ei, de koekkruimels en de gember erdoor. Druk in een Zwitserse broodpan (jelly roll pan) en zet in de koelkast tot het stevig is. Snijd in vierkanten.

Deluxe Chocolade Gember Vierkantjes

Geef 24

100 g boter of margarine

100 g/4 oz/½ kopje zachte bruine suiker

30 ml/2 el cacaopoeder (ongezoete chocolade).

1 ei, licht losgeklopt

2 kopjes / 8 oz / 225 g gemberkoekjeskruimels

15 ml/1 el gehakte gekonfijte (gekonfijte) gember

100 g pure chocolade (halfzoet)

Smelt boter of margarine en roer dan de suiker en cacao erdoor tot het gemengd is. Roer het ei, de koekkruimels en de gember erdoor. Druk in een Zwitserse broodpan (jelly roll pan) en zet in de koelkast tot het stevig is.

Smelt de chocolade in een hittebestendige kom boven een pan met kokend water. Verdeel over cake en laat staan. Snijd in vierkanten als de chocolade bijna hard is.

Chocolade en honingkoekjes

Geef 12

225 g boter of margarine

30 ml/2 eetlepels heldere honing

90 ml/6 el johannesbrood- of cacaopoeder (ongezoete chocolade)

225 g/8 oz/2 kopjes zoete koekjeskruimels (koekjes)

Smelt de boter of margarine, honing en johannesbrood- of cacaopoeder in een koekenpan tot ze goed gemengd zijn. Meng de koekjeskruimels erdoor. Giet in een ingevette vierkante pan (vorm) van 8 inch/20 cm, laat afkoelen en snijd in vierkanten.

chocolade millefeuille

Maakt een cake van 450 g/1 lb

½ pt/1¼ kopjes/300 ml slagroom (dik)

225 g pure (halfzoete) chocolade, fijngehakt

5 ml/1 theelepel vanille-essence (extract)

20 gewone koekjes (koekjes)

Verwarm de room in een steelpannetje op laag vuur tot het kookt. Haal van het vuur en voeg de chocolade toe, meng, dek af en laat 5 minuten staan. Roer de vanille-essence erdoor en meng tot gecombineerd, zet dan in de koelkast tot het mengsel begint te verdikken.

Bekleed een broodvorm (vorm) van 450 g / 1 lb met vershoudfolie (plastic folie). Smeer een laag chocolade op de bodem en schik er een paar koekjes in een laag bovenop. Blijf laagjes chocolade en koekjes maken tot ze op zijn. Werk af met een laagje chocolade. Dek af met vershoudfolie en zet minimaal 3 uur in de koelkast. Ontvorm de cake en verwijder de huishoudfolie.

Leuke chocoladerepen

Geef 12

100 g boter of margarine

30 ml/2 eetl. eetlepel golden syrup (lichte mais)

30 ml/2 el cacaopoeder (ongezoete chocolade).

225 g/8 oz/1 pakje Zoete of gewone koekjes (koekjes), grof gemalen

100 g pure (halfzoete) chocolade, in blokjes

Smelt de boter of margarine en de siroop, haal van het vuur en roer de cacao en de gemalen koekjes erdoor. Spreid het mengsel uit in een vierkante pan van 9 inch/23 cm en maak het oppervlak waterpas. Smelt de chocolade in een hittebestendige kom boven een pan met kokend water en verdeel dit erover. Laat iets afkoelen, snij in repen of vierkanten en zet in de koelkast tot ze stevig zijn.

Chocolade Praline Vierkantjes

Geef 12

100 g boter of margarine

30 ml/2 eetlepels basterdsuiker (superfijn)

15ml/1 theelepel eetlepel golden syrup (lichte mais)

15 ml/1 el chocolademelkpoeder

8 oz/225 g digestieve koekjes (graham crackers), geplet

200 g pure chocolade (halfzoet)

100 g gehakte gemengde noten

Smelt de boter of margarine, suiker, siroop en chocolademelk in een pannetje. Breng aan de kook en kook dan 40 seconden. Haal van het vuur en roer de koekjes en noten erdoor. Druk in een ingevette taartvorm van 28 x 18 cm/11 x 7 (vorm). Smelt de chocolade in een hittebestendige kom boven een pan met kokend water. Verspreid over koekjes en laat afkoelen, koel dan 2 uur alvorens in vierkanten te snijden.

Kokosnootchips

Geef 12

100 g pure chocolade (halfzoet)

30 ml/2 eetlepels melk

30 ml/2 eetl. eetlepel golden syrup (lichte mais)

4 oz/100 g gepofte rijstgraangewas

50 g gedroogde kokosnoot (geraspt)

Smelt de chocolade, melk en siroop in een pannetje. Haal van het vuur en roer de ontbijtgranen en kokos erdoor. Giet in papieren vormpjes (cupcakepapiertjes) en laat staan.

Knapperige repen

Geef 12

175 g boter of margarine

50 g zachte bruine suiker

30 ml/2 eetl. eetlepel golden syrup (lichte mais)

45 ml/3 el cacaopoeder (ongezoete chocolade)

75g/3oz/½ kopje rozijnen of rozijnen (gouden rozijnen)

350 g knapperige havermoutpap

225 g pure chocolade (halfzoet)

Smelt de boter of margarine met de suiker, siroop en cacao. Roer rozijnen of rozijnen en ontbijtgranen erdoor. Druk het mengsel in een beboterde vorm van 25 cm/12 (vorm). Smelt de chocolade in een hittebestendige kom boven een pan met kokend water. Spreid uit over repen en laat afkoelen, en zet vervolgens in de koelkast alvorens in repen te snijden.

Kokos Rozijn Crunchies

Geef 12

100g/4oz/1 kopje witte chocolade

30 ml/2 eetlepels melk

30 ml/2 eetl. eetlepel golden syrup (lichte mais)

6 oz/175 g gepofte rijstgraangewas

50 g rozijnen

Smelt de chocolade, melk en siroop in een pannetje. Haal van het vuur en roer de ontbijtgranen en rozijnen erdoor. Giet in papieren vormpjes (cupcakepapiertjes) en laat staan.

Melk- en koffievierkanten

Geef 20

25 g / 1 oz / 2 el gelatinepoeder

75 ml/5 eetlepels koud water

225 g/8 oz/2 kopjes gewone koekjeskruimels

2 oz/¼ kop/50 g boter of margarine, gesmolten

400 g/14 oz/1 groot blik geëvaporeerde melk

2/3 kop / 5 oz / 150 g poedersuiker (superfijn)

14 fl oz/1¾ kopjes sterke zwarte koffie, ijskoud

Slagroom en plakjes gekonfijte sinaasappel (gekonfijt) om te garneren

Strooi de gelatine over het water in een kom en laat sponsachtig worden. Zet de kom in een pan met heet water en laat het oplossen. Laat iets afkoelen. Vouw de koekkruimels door de gesmolten boter en druk ze in de bodem en zijkanten van een beboterde rechthoekige taartvorm van 30 x 20 cm/12 x 8 (vorm). Klop de verdampte melk tot een dikke massa, roer dan geleidelijk de suiker erdoor, gevolgd door de opgeloste gelatine en koffie. Giet over de bodem en zet in de koelkast tot het gestold is. Snijd in vierkanten en decoreer met slagroom en gekonfijte sinaasappels (gekonfijt).

Fruitcake zonder bak

Maakt een taart van 23 cm

450 g/1 lb/22/3 kopjes gemengd gedroogd fruit (fruitcake mix)

450 g gewone koekjes (koekjes), geplet

100 g boter of margarine, gesmolten

100 g/4 oz/½ kopje zachte bruine suiker

400g/14oz/1 groot blik gecondenseerde melk

5 ml/1 theelepel vanille-essence (extract)

Meng alle ingrediënten samen tot ze goed gemengd zijn. Giet in een beboterde cakevorm van 9/23 cm bedekt met huishoudfolie en druk plat. Koel tot stevig.

fruitige vierkanten

Opbrengst ongeveer 12

100 g boter of margarine

100 g/4 oz/½ kopje zachte bruine suiker

400g/14oz/1 groot blik gecondenseerde melk

5 ml/1 theelepel vanille-essence (extract)

250 g/9 oz/1½ kopjes gemengd gedroogd fruit (fruitcake mix)

100 g geglaceerde kersen (gekonfijt)

50 g gehakte gemengde noten

400 g gewone koekjes (koekjes), geplet

Smelt de boter of margarine en de suiker op laag vuur. Voeg de gecondenseerde melk en vanille-essence toe en haal van het vuur. Meng de resterende ingrediënten. Druk in een ingevette Zwitserse broodpan (jelly roll pan) en zet 24 uur in de koelkast tot het stevig is. Snijd in vierkanten.

Fruit- en vezelcrackers

Geef 12

100 g pure chocolade (halfzoet)

2 oz/¼ kop/50 g boter of margarine

15ml/1 theelepel eetlepel golden syrup (lichte mais)

100 g ontbijtgranen met fruit en vezels

Smelt de chocolade in een hittebestendige kom boven een pan met kokend water. Roer boter of margarine en siroop erdoor. Roer de ontbijtgranen erdoor. Giet in papieren vormpjes (cupcakepapier) en laat afkoelen en opstijven.

Nougat laag cake

Maakt een cake van 900 g/2 lb

15 g/½ oz/1 el gelatinepoeder

100 ml / 3½ fl oz / 6½ el water

1 zakje trifle sponsjes

8 oz/1 kop boter of margarine, verzacht

50 g basterdsuiker (superfijn)

400g/14oz/1 groot blik gecondenseerde melk

5 ml/1 theelepel citroensap

5 ml/1 theelepel vanille-essence (extract)

5 ml/1 theelepel wijnsteen

2/3 kop/4 oz/100 g gedroogd gemengd fruit (fruitcake-mix), gehakt

Strooi de gelatine over het water in een kleine kom en plaats de kom in een pan met heet water tot de gelatine transparant is. Iets afkoelen. Bekleed een broodvorm (blik) met aluminiumfolie van 900 g/2 lb zodat de folie de bovenkant van de vorm bedekt en leg dan de helft van de biscuitgebak op de bodem. Klop boter of margarine en suiker romig en roer dan alle overige ingrediënten erdoor. Giet in de vorm en schik de resterende biscuit erop. Dek af met aluminiumfolie en leg er een gewicht op. Koel tot stevig.

Melk en nootmuskaat vierkanten

Geef 20

Voor de basis:

225 g/8 oz/2 kopjes gewone koekjeskruimels

30 ml/2 eetlepels zachte bruine suiker

2,5 ml/½ theelepel geraspte nootmuskaat

100 g boter of margarine, gesmolten

Voor de vulling:

1,2 liter/2 qts/5 kopjes melk

25 g boter of margarine

2 eieren, gescheiden

225 g poedersuiker (superfijn)

100 g maïsmeel (maizena)

50 g bloem (voor alle doeleinden)

5ml/1 theelepel bakpoeder

Een snufje geraspte nootmuskaat

geraspte nootmuskaat om te bestrooien

Meng voor de basis de koekkruimels, suiker en nootmuskaat met de gesmolten boter of margarine en druk deze op de bodem van een beboterde broodvorm van 30 x 20 cm/12 x 8 cm.

Breng voor de vulling 1¾ kopjes/1 liter/4¼ kopjes melk aan de kook in een grote pan. Voeg boter of margarine toe. Klop de eidooiers los met de rest van de melk. Meng de suiker, maizena, bloem, bakpoeder en nootmuskaat. Klop een beetje van de kokende melk door het eigeelmengsel tot het goed gemengd is tot een beslag, roer dan het beslag door de kokende melk en roer continu op laag vuur gedurende een paar minuten tot het ingedikt is. Van het vuur halen. Klop de eiwitten stijf en spatel ze dan door het mengsel. Giet over de bodem en bestrooi royaal met nootmuskaat. Laat afkoelen, zet in de koelkast en snij in vierkanten voor het opdienen.

Knapperige muesli

Maakt ongeveer 16 vierkanten

400 g pure chocolade (halfzoet)

45 ml/3 eetl. eetlepel golden syrup (lichte mais)

25 g boter of margarine

Ongeveer 225 g muesli

Smelt de helft van de chocolade, siroop en boter of margarine. Roer geleidelijk genoeg muesli erdoor om een stevig mengsel te krijgen. Druk in een ingevette Zwitserse broodvorm (jelly roll pan). Smelt de resterende chocolade en strijk de bovenkant glad. Koel in de koelkast voordat u in vierkanten snijdt.

Sinaasappelmousse Vierkantjes

Geef 20

25 g / 1 oz / 2 el gelatinepoeder

75 ml/5 eetlepels koud water

225 g/8 oz/2 kopjes gewone koekjeskruimels

2 oz/¼ kop/50 g boter of margarine, gesmolten

400 g/14 oz/1 groot blik geëvaporeerde melk

2/3 kop / 5 oz / 150 g poedersuiker (superfijn)

400 ml sinaasappelsap

Slagroom en chocoladesuikergoed om te garneren

Strooi de gelatine over het water in een kom en laat sponsachtig worden. Zet de kom in een pan met heet water en laat het oplossen. Laat iets afkoelen. Spatel de koekkruimels door de gesmolten boter en druk ze op de bodem en zijkanten van een beboterde taartvorm van 30 x 20 cm/12 x 8. Klop de melk dik en roer dan geleidelijk de suiker erdoor, gevolgd door de opgeloste gelatine en het sinaasappelsap. Giet over de bodem en zet in de koelkast tot het gestold is. Snijd in vierkanten en decoreer met slagroom en chocoladesuikergoed.

Pinda vierkantjes

Geeft 18

225 g/8 oz/2 kopjes gewone koekjeskruimels

100 g boter of margarine, gesmolten

8 oz/1 kopje knapperige pindakaas

25 g/1 oz/2 eetl. eetlepels geglaceerde kersen (gekonfijt)

25 g / 1 oz / 3 el kruisbessen

Meng alle ingrediënten samen tot ze goed gemengd zijn. Druk in een ingevette vorm (schimmel) van 25 cm/12 cm en zet in de koelkast tot hij stevig is, en snij dan in vierkanten.

Pepermunt Caramel Taarten

Geeft 16

400g/14oz/1 groot blik gecondenseerde melk

600 ml melk

30 ml/2 el banketbakkersroom

225 g/8 oz/2 kopjes digestieve koekjeskruimels (graham crackers)

100 g muntchocolade, in stukjes gebroken

Plaats het ongeopende blikje gecondenseerde melk in een pan gevuld met voldoende water om het blikje te bedekken. Breng aan de kook, dek af en laat 3 uur sudderen, voeg indien nodig kokend water toe. Laat afkoelen, open dan de doos en haal de karamel eruit.

Verwarm 500 ml melk met de karamel, breng aan de kook en roer tot het gesmolten is. Meng het custardpoeder tot een pasta met de resterende melk, roer het dan in de pan en laat sudderen tot het ingedikt is, onder voortdurend roeren. Strooi de helft van de koekkruimels op de bodem van een ingevette vierkante vorm van 20 cm, plaats de helft van de crème caramel erop en besprenkel met de helft van de chocolade. Herhaal de lagen en laat afkoelen. Zet in de koelkast en snijd in porties om te serveren.

Rijstwafels

Geef 24

175 g/6 oz/½ kopje heldere honing

225 g kristalsuiker

60 ml/4 eetlepels water

350 g/12 oz/1 doos gepofte rijstgraangewas

100 g geroosterde pinda's

Smelt de honing, suiker en water in een grote pan en laat 5 minuten afkoelen. Roer de ontbijtgranen en pinda's erdoor. Rol er balletjes van, doe ze in papieren vormpjes (cupcakepapiertjes) en laat ze afkoelen en opstijven.

Rijst en chocolade toffee

Maakt 225g/8oz

2 oz/¼ kop/50 g boter of margarine

30 ml/2 eetl. eetlepel golden syrup (lichte mais)

30 ml/2 el cacaopoeder (ongezoete chocolade).

60 ml/4 theelepels eetlepel poedersuiker (superfijn)

50 g gemalen rijst

Smelt de boter en de siroop. Roer de cacao en suiker erdoor tot ze zijn opgelost en roer dan de gemalen rijst erdoor. Breng zachtjes aan de kook, zet het vuur laag en laat 5 minuten zachtjes sudderen onder voortdurend roeren. Giet in een beboterde en beklede vierkante vorm van 20 cm en laat iets afkoelen. Snijd in vierkanten en laat volledig afkoelen voordat je hem uit de vorm haalt.

amandelspijs

Bedekt de bovenkant en zijkanten van een taart van 23 cm

225 g gemalen amandelen

8 oz/1 1/3 kopjes/225 g poedersuiker (banketbakker), gezeefd

225 g poedersuiker (superfijn)

2 eieren, licht losgeklopt

10 ml/2 tl citroensap

Enkele druppels amandelessence (extract)

Klop de amandelen en suikers door elkaar. Voeg geleidelijk de rest van de ingrediënten toe tot je een gladde pasta krijgt. Wikkel in vershoudfolie (plastic folie) en zet in de koelkast voor gebruik.

Amandelpasta Zonder Suiker

Bedekt de bovenkant en zijkanten van een taart van 15 cm

100 g gemalen amandelen

50 g fructose

25 g maïsmeel (maizena)

1 ei, licht losgeklopt

Meng alle ingrediënten tot je een gladde pasta krijgt. Wikkel in vershoudfolie (plastic folie) en zet in de koelkast voor gebruik.

www.ingramcontent.com/pod-product-compliance
Lightning Source LLC
Chambersburg PA
CBHW070506120526
44590CB00013B/768